Sous Vide 2023

Descubra o Segredo da Culinária Sous Vide e Saboreie Pratos Perfeitamente Preparados

Ana Santos

Tabela de conteúdo

Salsicha doce e uvas 9
Costela Doce com Molho de Soja de Manga 11
Costeletas doces e abobrinha com amêndoas 13
Costelinha de porco com pimentão e milho salteado 15
Lombo de Porco Cremoso com Conhaque 17
Perna de porco com tomate e cenoura 19
Costelinha de porco com molho de café com especiarias 21
lombo picante 23
Costeletas de Porco Salgadas com Cogumelos 24
Creme de Milho e Sopa de Bacon 26
Espetadas de Porco com Cominho e Alho 28
Incríveis costeletas de porco com esmalte balsâmico 30
Couve roxa e batatas com salsicha 31
Lombo de Porco com Amêndoas 33
Carne de porco agradável em molho verde 35
Costelinha de coco picante 37
Costelinha Suína Churrasco Suculenta 39
Bifes De Porco Alho 41
Lombo de porco saboroso com tomilho e alho 43
Costeletas de porco com molho de cogumelos 45
Salsichas de Maçã Doce 47
Tacos de porco com laranja doce 48
Carnitas de porco mexicano com molho vermelho 50
Chili Frango e Tacos de Chouriço com Queijo 52

Frango com verduras 54
Frango com Mel Picante Fácil 56
Clássico Frango Cordon Bleu 58
Frango Frito Caseiro Crocante 60
Peitos de Frango Picante 62
Wraps de alface com frango e gengibre 64
Peitos de Frango com Limão Aromático 66
Frango com mostarda e alho 68
Galinha inteira 69
Deliciosas asas de frango com molho de búfala 70
Deliciosas pernas de frango com molho de limão doce 71
Peitos de Frango com Molho Cajun 73
Peitos De Frango Sriracha 74
Salsa frango com molho de curry 75
Peito de Frango Empanado à Parmegiana 77
Frango Moído com Tomate 78
Ensopado de Frango com Cogumelos 79
Peito de Frango Assado Mais Fácil 81
Coxas de frango laranja 82
frango com tomilho limão 84
Salada De Frango Pimenta 86
Galinha inteira 88
Coxas de frango apimentadas simples 90
asas de frango Bufalo 91
rissóis de frango desfiados 93
Coxas de frango com purê de cenoura 95
Frango ao Limão com Hortelã 97

Frango com Doce de Cereja 98
Coxas de frango doces e picantes 99
peitos de frango recheados 101
Frango apimentado 103
coxas de frango mediterrânea 105
Peitos De Frango Com Molho Harissa 106
Frango ao Alho com Cogumelos 107
Coxas de frango com ervas 109
Pudim de frango com corações de alcachofra 111
Caldo de frango 113
Molho Pomodoro De Cebola 114
purê de pimentão 115
Tempero Jalapeno 116
Caldo de carne 118
Rub de Alho e Manjericão 120
Molho balsâmico de mel e cebola 122
Molho de tomate 124
Sopa de Frutos do Mar 125
Sopa de peixe 126
Molho de Espargos Mostarda 127
Sopa de verduras 129
Queijo Edamame Tabasco Alho 131
Purê de Ervilha Branca Herby 133
Purê de Batata Sálvia Assada 135
Espargos na manteiga com tomilho e queijo 137
Pastinagas salgadas com cobertura de mel 138
Sanduíche de Creme de Tomate com Queijo 139

Salada de Beterraba com Cajus e Queso Fresco 141

Pimentão com queijo e couve-flor 143

Creme de Sopa de Abóbora 145

Sopa de batata com aipo e alho francês 147

Salada de couve limão com cranberries 149

Milho cítrico com molho de tomate 150

Gergelim Tamari Gengibre Couve de Bruxelas 152

Salada de beterraba e espinafre 154

Alho Verde com Hortelã 156

Couve de Bruxelas em vinho branco 158

Salada de beterraba e queijo de cabra 159

Sopa de couve-flor e brócolis 161

Ervilhas na Manteiga com Hortelã 163

Couve de Bruxelas em calda doce 164

Rabanete com queijo de ervas 166

Couve Refogada Balsâmica 168

tomates escalfados 169

Ratatouille 170

Sopa de tomate 172

beterraba cozida 174

lasanha de berinjela 175

Sopa de champignon 177

Risoto Vegetariano com Parmesão 179

sopa verde 180

Sopa Mista de Legumes 182

wontons de legumes com páprica defumada 184

Prato de missô de quinoa e aipo 186

Salada de Rabanete e Manjericão..188
mistura de pimentão 189
Coentro Açafrão Quinoa...190
Feijão branco com orégano 191
Salada de Batata e Tâmaras...193
sêmola de páprica...195
Mistura de Legumes de Uva 196
Tigela de grão-de-bico e cogumelos com menta 197
caponata de legumes..199
Acelga refogada com limão 200
purê de vegetais de raiz 201
Couve e pimenta em molho de tomate..202
Prato de Lentilhas e Tomate com Mostarda 204
Arroz pilaf com pimentos e passas 206
sopa de iogurte..208
abobrinha amanteigada 210
Chutney de caril, gengibre e nectarina...212
Batatas cristalizadas com alecrim russet 214
Peras ao curry e creme de coco..215
Purê de Brócolis Suave...216

Salsicha doce e uvas

Preparação + tempo de cozedura: 1 hora 20 minutos | Porções: 4

Ingredientes

2 ½ xícaras de uvas brancas sem sementes
1 colher de sopa de alecrim fresco picado
2 colheres de manteiga
4 salsichas italianas doces inteiras
2 colheres de vinagre balsâmico
Sal e pimenta preta a gosto

Endereços

Prepare um banho-maria e coloque o Sous Vide nele. Defina-o para 160 F.

Coloque as uvas, o alecrim, a manteiga e a linguiça em um saco fechado a vácuo. Libere o ar pelo método de deslocamento de água, sele e mergulhe a bolsa em banho-maria. Cozinhe por 60 minutos.

Assim que o cronômetro parar, retire as linguiças e transfira o suco do cozimento e as uvas para uma panela em fogo médio.

Despeje o vinagre balsâmico e ferva por 3 minutos. Tempere com sal e pimenta. Aqueça uma frigideira em fogo médio e doure as linguiças por 3-4 minutos. Sirva com o molho e as uvas.

Costela Doce com Molho de Soja de Manga

Preparação + tempo de cozedura: 36 horas 25 minutos | Porções: 4

Ingredientes

4 quilos de costelinha de porco
Sal e pimenta preta a gosto
1 xícara de suco de manga
¼ xícara de molho de soja
3 colheres de mel
1 colher de sopa de pasta de pimentão e alho
1 colher de sopa de gengibre moído
2 colheres de óleo de coco
1 colher de chá de cinco especiarias chinesas em pó
1 colher de chá de coentro moído

Endereços

Prepare um banho-maria e coloque o Sous Vide nele. Defina-o para 146 F.

Tempere as costelas com sal e pimenta e coloque em um saco lacrado a vácuo. Libere o ar pelo método de deslocamento de água, sele e mergulhe a bolsa em banho-maria. Cozinhe por 36 horas. Assim que o cronômetro parar, retire as costelas e seque-as. Descarte os sucos do cozimento.

Aqueça uma panela em fogo médio e ferva o suco de manga, molho de soja, pimenta, pasta de alho, mel, gengibre, óleo de coco, cinco especiarias e coentro por 10 minutos até reduzir. Regue as costelas com o molho. Transfira para uma assadeira e cozinhe por 5 minutos no forno a 390 F.

Costeletas doces e abobrinha com amêndoas

Preparação + tempo de cozedura: 3 horas 15 minutos | Porções: 2

Ingredientes

2 costeletas de lombo de porco
Sal e pimenta preta a gosto
3 colheres de sopa de azeite
1 colher de sopa de suco de limão espremido na hora
2 colheres de chá de vinagre de vinho tinto
2 colheres de chá de mel
2 colheres de sopa de azeite
2 abobrinhas médias, cortadas em tiras
2 colheres de amêndoas torradas

Endereços

Prepare um banho-maria e coloque o Sous Vide nele. Traga a 138 F. Coloque a carne de porco temperada em um saco lacrado a vácuo. Adicione 1 colher de sopa de azeite. Libere o ar pelo método de deslocamento de água, sele e mergulhe a bolsa em banho-maria. Cozinhe por 3 horas.

Misture suco de limão, mel, vinagre e 2 colheres de sopa de azeite. Tempere com sal e pimenta. Assim que o cronômetro parar, retire o saco e descarte os sucos do cozimento. Aqueça o óleo de arroz em uma frigideira em fogo alto e sele a carne de porco por 1 minuto de cada lado. Retire do fogo e deixe descansar por 5 minutos.

Para a salada, em uma tigela, misture a abobrinha com o molho. Tempere com sal e pimenta. Transfira a carne de porco para um prato e sirva com a abobrinha. Decore com amêndoas.

Costelinha de porco com pimentão e milho salteado

Preparação + tempo de cozedura: 1 hora 10 minutos | Porções: 4

Ingredientes

4 costeletas de porco
1 pimentão vermelho pequeno, em cubos
1 cebola amarela pequena, em cubos
2 xícaras de milho congelado
¼ xícara de coentro
Sal e pimenta preta a gosto
1 colher de sopa de tomilho
4 colheres de óleo vegetal

Endereços

Prepare um banho-maria e coloque o Sous Vide nele. Defina para 138 F. Polvilhe a carne de porco com sal e coloque em um saco lacrado a vácuo. Libere o ar pelo método de deslocamento de água, sele e mergulhe a bolsa em banho-maria. Cozinhe por 1 hora.

Aqueça o azeite em uma frigideira em fogo médio e refogue a cebola, o pimentão vermelho e o milho. Tempere com sal e pimenta. Adicione o coentro e o tomilho. Deixou de lado. Assim que o cronômetro parar, retire a carne de porco e transfira para a frigideira quente. Doure por 1 minuto de cada lado. Sirva a carne de porco com legumes salteados.

Lombo de Porco Cremoso com Conhaque

Preparação + tempo de cozedura: 4 horas 50 minutos | Porções: 4

Ingredientes

3 libras de lombo de porco desossado assado
Sal a gosto
2 cebolas em rodelas finas
¼ xícara de conhaque
1 xícara de leite
1 xícara de requeijão

Endereços

Prepare um banho-maria e coloque Sous Vide nele. Ajuste para 146 F. Tempere a carne de porco com sal e pimenta. Aqueça uma frigideira em fogo médio e doure a carne de porco por 8 minutos. Deixou de lado. Adicione a cebola e cozinhe por 5 minutos. Adicione o conhaque e deixe ferver. Deixe esfriar por 10 minutos.

Coloque a carne de porco, a cebola, o leite e as natas num saco fechado a vácuo. Libere o ar pelo método de deslocamento de água, sele e mergulhe em banho-maria. Cozinhe por 4 horas. Quando o cronômetro parar, remova a carne de porco. Reserve, mantendo-se quente. Aqueça uma panela e despeje o caldo do cozimento. Mexa por 10 minutos até ferver. Tempere com sal e pimenta. Fatie a carne de porco e cubra com molho de creme para servir.

Perna de porco com tomate e cenoura

Preparação + tempo de cozedura: 48 horas 30 minutos | Porções: 4

Ingredientes

2 coxas de porco
1 lata (14,5 onças) de tomate em cubos com suco
1 xícara de caldo de carne
1 xícara de cebola bem picada
½ xícara de bulbo de erva-doce finamente picado
½ xícara de cenoura bem picadinha
Sal a gosto
½ xícara de vinho tinto
1 folha de louro

Endereços

Prepare um banho-maria e coloque o Sous Vide nele. Defina para 149 F. Apare a gordura da barriga das pernas e coloque em um saco lacrado a vácuo. Adicione os ingredientes restantes. Libere o ar pelo método de deslocamento de água, sele e mergulhe a bolsa em banho-maria. Cozinhe por 48 horas.

Quando o cronômetro parar, remova o caule e descarte a folha de louro. Reserve os sucos do cozimento. Coloque a perna em uma assadeira e grelhe por 5 minutos até dourar. Aqueça uma panela em fogo médio e adicione os sucos do cozimento. Cozinhe por 10 minutos até engrossar. Regue a carne de porco com o molho e sirva.

Costelinha de porco com molho de café com especiarias

Preparação + tempo de cozedura: 2 horas 50 minutos | Porções: 4

Ingredientes

4 costeletas de porco com osso
1 colher de sopa de páprica em pó
1 colher de sopa de café moído
1 colher de sopa de açúcar mascavo
1 colher de sopa de sal de alho
1 colher de sopa de azeite

Endereços

Prepare um banho-maria e coloque o Sous Vide nele. Traga a 146 F. Coloque a carne de porco em um saco lacrado a vácuo. Libere o ar pelo método de deslocamento de água, sele e mergulhe a bolsa em banho-maria. Cozinhe por 2 horas e 30 minutos.

Enquanto isso, prepare o molho misturando bem a páprica em pó, a borra de café, o açúcar mascavo e o sal de alho. Assim que o cronômetro parar, retire a carne de porco e seque.

Regue a carne de porco com o molho. Aqueça o óleo em uma frigideira em fogo alto e sele a carne de porco por 1-2 minutos de cada lado. Deixe repousar por 5 minutos. Corte a carne de porco em fatias e sirva.

lombo picante

Preparação + tempo de cozedura: 3 horas 15 minutos | Porções: 4

vocêingredientes

1 libra de lombo de porco, aparado
Sal a gosto
½ colher de chá de pimenta preta
3 colheres de sopa de pasta de pimentão

Endereços

Prepare um banho-maria e coloque o Sous Vide nele. Defina-o para 146 F.

Tempere o lombo com sal e pimenta e coloque em um saco fechado a vácuo. Libere o ar pelo método de deslocamento de água, sele e mergulhe a bolsa em banho-maria. Cozinhe por 3 horas.

Assim que o cronômetro parar, retire a carne de porco e pincele com pasta de pimenta. Aqueça uma grelha em fogo alto e sele o lombo por 5 minutos até dourar. Deixe repousar. Corte o lombo em fatias e sirva.

Costeletas de Porco Salgadas com Cogumelos

Preparação + tempo de cozedura: 65 minutos | Porções: 2

Ingredientes

2 costeletas de porco com osso, corte grosso
Sal e pimenta preta a gosto
2 colheres de sopa de manteiga fria
4 onças de cogumelos selvagens mistos
¼ xícara de xerez
½ xícara de caldo de carne
1 colher de chá de sálvia
1 colher de sopa de marinada de bife
alho picado para decorar

Endereços

Prepare um banho-maria e coloque o Sous Vide nele. Defina-o para 138 F.

Misture a carne de porco com sal e pimenta e coloque em um saco lacrado a vácuo. Libere o ar pelo método de deslocamento de água, sele e mergulhe a bolsa em banho-maria. Cozinhe por 45 minutos.

Assim que o cronômetro parar, retire a carne de porco e seque. Descarte os sucos do cozimento. Aqueça 1 colher de sopa de manteiga em uma frigideira em fogo médio e sele a carne de porco por 1 minuto de cada lado. Transfira para um prato e reserve.

Na mesma frigideira quente, cozinhe os cogumelos por 2-3 minutos. Misture o xerez, o caldo, a sálvia e a marinada de carne até o molho engrossar. Adicione a restante manteiga e tempere com sal e pimenta; mexa bem. Cubra a carne de porco com o molho e decore com cebolinha para servir.

Creme de Milho e Sopa de Bacon

Preparação + tempo de cozedura: 1 hora 15 minutos | Porções: 4

Ingredientes

4 espigas de milho, grãos picados
4 colheres de sopa de manteiga
1 xícara de leite
1 folha de louro
Sal e pimenta branca a gosto
4 fatias de bacon frito crocante
2 colheres de cebolinha picada

Endereços

Prepare um banho-maria e coloque o Sous Vide nele. Defina-o para 186 F.

Misture os grãos de milho, o leite, as espigas de milho, 1 colher de sopa de sal, 1 colher de sopa de pimenta branca e a folha de louro. Coloque em um saco selável a vácuo. Libere o ar pelo método de deslocamento de água, sele e mergulhe a bolsa em banho-maria. Cozinhe por 1 hora.

Assim que o cronômetro parar, retire o saco e remova as espigas de milho e a folha de louro. Coloque a mistura no liquidificador no modo purê por 1 minuto. Se quiser uma consistência diferente, acrescente um pouco de leite. Tempere com sal e pimenta. Decore com pancetta e cebolinha para servir.

Espetadas de Porco com Cominho e Alho

Preparação + tempo de cozedura: 4 horas 20 minutos | Porções: 4

Ingredientes

1 libra de ombro de porco desossado, em cubos
Sal a gosto
1 colher de sopa de noz-moscada moída
1 colher de sopa de alho picado
1 colher de chá de cominho
1 colher de chá de coentro
1 colher de chá de alho em pó
1 colher de chá de açúcar mascavo
1 colher de chá de pimenta preta moída na hora
1 colher de sopa de azeite

Endereços

Prepare um banho-maria e coloque o Sous Vide nele. Ajuste para 149 F. Pincele a carne de porco com sal, alho, noz-moscada, cominho, coentro, pimenta e açúcar mascavo e coloque em um saco lacrado a vácuo. Libere o ar pelo método de deslocamento de água, sele e mergulhe a bolsa em banho-maria. Cozinhe por 4 horas.

Aqueça uma grelha em fogo alto. Assim que o cronômetro parar, retire a carne de porco e transfira para a grelha. Doure por 3 minutos até dourar.

Incríveis costeletas de porco com esmalte balsâmico

Preparação + tempo de cozedura: 3 horas 20 minutos | Porções: 2

Ingredientes

2 costeletas de porco
Sal e pimenta preta a gosto
1 colher de sopa de azeite
4 colheres de vinagre balsâmico
2 colheres de chá de alecrim fresco picado

Endereços

Prepare um banho-maria e coloque o Sous Vide nele. Defina-o para 146 F.

Misture a carne de porco com sal e pimenta e coloque em um saco lacrado a vácuo. Libere o ar pelo método de deslocamento de água, sele e mergulhe em banho-maria. Cozinhe por 3 horas. Assim que o cronômetro parar, retire o porco e seque-o.

Aqueça o azeite em uma frigideira e frite as costeletas por 5 minutos até dourar. Adicione o vinagre balsâmico e deixe ferver. Repita o processo por 1 minuto. Sirva e decore com alecrim e molho balsâmico.

Couve roxa e batatas com salsicha

Preparação + tempo de cozedura: 2 horas 20 minutos | Porções: 4

Ingredientes

½ cabeça de repolho roxo fatiado
1 maçã cortada em cubos pequenos
24 onças de batatas vermelhas, esquartejadas
1 cebola pequena, fatiada
¼ colher de chá de sal de aipo
2 colheres de sopa de vinagre de cidra
2 colheres de açúcar mascavo
pimenta preta a gosto
1 libra de linguiça de porco defumada pré-cozida, fatiada
½ xícara de caldo de galinha
2 colheres de manteiga

Endereços

Prepare um banho-maria e coloque o Sous Vide nele. Ajuste para 186 F. Combine repolho, batata, cebola, maçã, cidra, açúcar mascavo, pimenta preta, aipo e sal.

Coloque as linguiças e a mistura em um saco fechado a vácuo. Libere o ar pelo método de deslocamento de água, sele e mergulhe a bolsa em banho-maria. Cozinhe por 2 horas.

Aqueça a manteiga em uma panela em fogo médio. Assim que o cronômetro parar, retire o saco e transfira o conteúdo para uma panela. Cozinhe até que o líquido evapore. Adicione o repolho, a cebola e as batatas e cozinhe até dourar. Divida a mistura entre as travessas de servir.

Lombo de Porco com Amêndoas

Preparação + tempo de cozedura: 3 horas 20 minutos | Porções: 2

Ingredientes

3 colheres de sopa de azeite

3 colheres de mostarda

2 colheres de mel

Sal e pimenta preta a gosto

2 costeletas de lombo de porco com osso

1 colher de sopa de suco de limão

2 colheres de chá de vinagre de vinho tinto

2 colheres de sopa de óleo de canola

2 xícaras de alfaces baby misturadas

2 colheres de sopa de tomate seco em fatias finas

2 colheres de chá de amêndoas torradas

Endereços

Prepare um banho-maria e coloque o Sous Vide nele. Defina-o para 138 F.

Combine 1 colher de sopa de azeite, 1 colher de sopa de mel e 1 colher de sopa de mostarda e tempere com sal e pimenta. Pincele o lombo com a mistura. Coloque em um saco selável a vácuo. Libere o ar pelo método de deslocamento de água, sele e mergulhe a bolsa em banho-maria. Cozinhe por 3 horas.

Enquanto isso, prepare o molho misturando o suco de limão, o vinagre, 2 colheres de sopa de azeite, 2 colheres de sopa de mostarda e o restante do mel. Tempere com sal e pimenta. Assim que o cronômetro parar, remova a lombada. Descarte os sucos do cozimento. Aqueça o óleo de canola na frigideira em fogo alto e sele o lombo por 30 segundos de cada lado. Deixe repousar por 5 minutos.

Para a salada, misture a alface, os tomates secos e as amêndoas em uma tigela. Misture 3/4 do molho. Cubra o lombo com o molho e sirva com a salada.

Carne de porco agradável em molho verde

Preparação + tempo de cozedura: 24 horas 25 minutos | Porções: 8)

Ingredientes

2 libras de ombro de porco desossado, em cubos
Sal a gosto
1 colher de sopa de cominho moído
1 colher de chá de pimenta preta moída na hora
1 colher de sopa de azeite
1 libra de tomatillos
3 chiles poblano, finamente semeados e cortados em cubos
½ cebola branca bem picada
1 serrano sem sementes e cortado em cubos
3 dentes de alho, esmagados
1 maço de coentro picado
1 xícara de caldo de galinha
½ xícara de suco de limão
1 colher de orégano

Endereços

Prepare um banho-maria e coloque o Sous Vide nele. Ajuste para 149 F. Tempere a carne de porco com sal, cominho e pimenta. Aqueça o óleo em uma frigideira em fogo alto e doure a carne de porco por 5-7 minutos. Deixou de lado. Na mesma frigideira, cozinhe os tomatillos, poblano, cebola, serrano e alho por 5 minutos. Transfira para um processador de alimentos e adicione coentro, suco de limão, caldo de galinha e orégano. Misture por 1 minuto.

Coloque a carne de porco e o molho em um saco lacrado a vácuo. Libere o ar pelo método de deslocamento de água, sele e mergulhe a bolsa em banho-maria. Cozinhe por 24 horas. Quando o cronômetro parar, remova o saco e transfira para as tigelas de servir. Polvilhe com sal e pimenta. Sirva com arroz.

Costelinha de coco picante

Preparação + tempo de cozedura: 8 horas 30 minutos | Porções: 4

Ingredientes

1/3 xícara de leite de coco
2 colheres de sopa de manteiga de coco
2 colheres de sopa de molho de soja
2 colheres de açúcar mascavo
2 colheres de sopa de vinho branco seco
1 talo de capim-limão bem picado
1 colher de sopa de molho Sriracha
1 colher de sopa de gengibre fresco ralado
2 dentes de alho, fatiados
2 colheres de chá de óleo de gergelim
1 libra de costela de porco desossada
coentro fresco picado
Arroz basmati cozido para servir

Endereços

Prepare um banho-maria e coloque o Sous Vide nele. Defina-o para 134 F.

Em um processador de alimentos, bata o leite de coco, a manteiga de coco, o molho de soja, o açúcar mascavo, o vinho, o capim-limão, o gengibre, o molho sriracha, o alho e o óleo de gergelim até ficar homogêneo.

Arrume as costelas e pincele com a mistura em um saco lacrado a vácuo. Libere o ar pelo método de deslocamento de água, sele e mergulhe a bolsa em banho-maria. Cozinhe por 8 horas.

Assim que o cronômetro parar, retire as costelas e transfira para um prato. Aqueça uma panela em fogo médio e despeje os sucos do cozimento. Cozinhe por 10-15 minutos em fogo baixo. Adicione as costelas ao molho e mexa bem. Cozinhe por 5 minutos. Decore com coentros e sirva com arroz.

Costelinha Suína Churrasco Suculenta

Preparação + tempo de cozedura: 16 horas 50 minutos | Porções: 5

Ingredientes

4 quilos de costelinha de porco
3 ½ xícaras de molho barbecue
⅓ xícara de purê de tomate
4 cebolinhas picadas
2 colheres de sopa de salsa fresca picada

Endereços

Prepare um banho-maria e coloque o Sous Vide nele. Defina-o para 162 F.

Coloque as costelas separadas em um saco lacrado a vácuo com 3 xícaras de molho barbecue. Libere o ar pelo método de deslocamento de água, sele e mergulhe a bolsa em banho-maria. Cozinhe por 16 horas.

Em uma tigela, misture o restante do molho barbecue e o extrato de tomate. Reserve na geladeira.

Assim que o cronômetro parar, retire as costelas e seque com uma toalha de cozinha. Descarte os sucos do cozimento.

Pré-aqueça o forno a 300 F. Pincele as costelas com molho barbecue dos dois lados e transfira para o forno. Asse por 10 minutos. Pincele novamente com o molho e asse por mais 30 minutos. Decore com cebolinha e salsinha e sirva.

Bifes De Porco Alho

Preparação + tempo de cozedura: 2 horas 8 minutos | Porções: 3

Ingredientes:

1 libra de lombo de porco
1 xícara de caldo de legumes
2 dentes de alho picados
1 colher de chá de alho em pó
3 colheres de chá de azeite
Sal e pimenta preta a gosto

Endereços:

Prepare um banho-maria, coloque Sous Vide nele e ajuste para 136 F.

Lave bem a carne e seque com papel toalha. Esfregue com alho em pó, sal e pimenta preta. Coloque em um saco grande lacrado a vácuo junto com o caldo e o alho picado. Feche o saco e mergulhe-o no banho-maria. Cozinhe por 2 horas. Retire o lombo do saco e seque com uma toalha de papel.

Aqueça o óleo em uma frigideira grande. Sele o bife por 2-3 minutos de cada lado. Corte a carne de porco em fatias, coloque em um prato e despeje o suco da panela por cima. Participar.

Lombo de porco saboroso com tomilho e alho

Preparação + tempo de cozedura: 2 horas 25 minutos | Porções: 8

Ingredientes

2 colheres de manteiga
1 colher de cebola em pó
1 colher de sopa de cominho moído
1 colher de sopa de coentro
1 colher de sopa de alecrim seco
Sal a gosto
1 (3 libras) de lombo de porco, pele removida
1 colher de sopa de azeite

Endereços

Prepare um banho-maria e coloque o Sous Vide nele. Defina-o para 140 F.

Combine cebola em pó, cominho, alho em pó, alecrim e sal de limão. Pincele a carne de porco primeiro com azeite e sal, depois com a mistura de cebola.

Coloque em um saco selável a vácuo. Libere o ar pelo método de deslocamento de água, sele e mergulhe a bolsa em banho-maria. Cozinhe por 2 horas.

Assim que o cronômetro parar, retire a carne de porco e seque com uma toalha de cozinha. Descarte os sucos do cozimento. Aqueça a manteiga em uma frigideira em fogo alto e sele a carne de porco por 3-4 minutos até dourar por todos os lados. Deixe esfriar por 5 minutos e corte em medalhões.

Costeletas de porco com molho de cogumelos

Preparação + tempo de cozedura: 1 hora 10 minutos | Porções: 3

Ingredientes:

3 (8 onças) costeletas de porco
Sal e pimenta preta a gosto
3 colheres de sopa de manteiga sem sal
200g de cogumelos
½ xícara de caldo de carne
2 colheres de sopa de molho Worcestershire
3 colheres (sopa) de cebolinha picada para decorar

Endereços:

Faça um banho de água, coloque Sous Vide nele e coloque em 140 F. Esfregue as costeletas de porco com sal e pimenta e coloque em um saco lacrado a vácuo. Libere o ar pelo método de deslocamento de água, sele e mergulhe a bolsa em banho-maria. Defina o temporizador para 55 minutos.

Assim que o cronômetro parar, remova e abra a bolsa. Retire a carne de porco e seque com uma toalha de papel. Descarte os sucos. Leve uma frigideira ao fogo médio e adicione 1 colher de sopa de manteiga. Doure a carne de porco por 2 minutos em ambos os lados. Deixou de lado. Com a panela ainda em fogo baixo, acrescente os cogumelos e cozinhe por 5 minutos. Desligue o fogo, adicione a manteiga restante e mexa até que a manteiga derreta. Tempere com pimenta e sal. Sirva as costeletas de porco com o molho de cogumelos por cima.

Salsichas de Maçã Doce

Preparação + tempo de cozedura: 55 minutos | Porções: 4

Ingredientes

¾ colher de chá de azeite
4 salsichas italianas
4 colheres de sopa de suco de maçã

Endereços

Prepare um banho-maria e coloque o Sous Vide nele. Defina-o para 162 F.

Coloque as linguiças e 1 colher de sopa de cidra por linguiça em um saco lacrado a vácuo. Libere o ar pelo método de deslocamento de água, sele e mergulhe a bolsa em banho-maria. Cozinhe por 45 minutos.

Aqueça o óleo em uma frigideira em fogo médio. Assim que o cronômetro parar, retire as linguiças e transfira para a frigideira e cozinhe por 3-4 minutos, até dourar.

Tacos de porco com laranja doce

Preparação + tempo de cozedura: 7 horas 10 minutos | Porções: 8

Ingredientes

½ xícara de suco de laranja
4 colheres de mel
2 colheres de sopa de alho fresco picado
2 colheres de sopa de gengibre fresco picado
2 colheres de sopa de molho Worcestershire
2 colheres de chá de molho hoisin
2 colheres de chá de molho sriracha
Raspas de ½ laranja
1 libra de ombro de porco
8 tortillas de farinha, aquecidas
½ xícara de coentro fresco picado
1 lima, cortada às rodelas

Endereços

Prepare um banho-maria e coloque o Sous Vide nele. Defina-o para 175 F.

Misture bem o suco de laranja, 3 colheres de sopa de mel, alho, gengibre, molho inglês, molho hoisin, sriracha e raspas de laranja.

Coloque a carne de porco em um saco fechado a vácuo e adicione o molho de laranja. Libere o ar pelo método de deslocamento de água, sele e mergulhe a bolsa em banho-maria. Cozinhe por 7 horas.

Assim que o cronômetro parar, retire a carne de porco e transfira para uma assadeira. Reserve os sucos do cozimento.

Aqueça uma panela em fogo médio e despeje os sucos com o mel restante. Cozinhe por 5 minutos até borbulhar e reduzir pela metade. Pincele a carne de porco com o molho. Recheie as tortilhas com a carne de porco. Decore com coentro e cubra com o molho restante para servir.

Carnitas de porco mexicano com molho vermelho

Tempo de preparação + cozedura: 49 horas 40 minutos | Porções: 8

Ingredientes

3 colheres de sopa de azeite
2 colheres de sopa de flocos de pimenta vermelha
Sal a gosto
2 colheres de chá de pimenta malagueta em pó
2 colheres de chá de orégano seco
½ colher de chá de canela em pó
2¼ libras de ombro de porco desossado
4 tomates pequenos maduros em cubos
¼ cebola roxa, em cubos
¼ xícara de folhas de coentro picadas
suco de limão espremido na hora
8 tortilhas de milho

Endereços

Combine flocos de pimenta vermelha, sal kosher, pimenta malagueta em pó, orégano e canela. Espalhe a mistura de pimenta sobre a carne de porco e cubra com papel alumínio. Deixe esfriar por 1 hora.

Prepare um banho-maria e coloque Sous Vide nele. Traga a 159 F. Coloque a carne de porco em um saco lacrado a vácuo. Libere o ar pelo método de deslocamento de água, sele e mergulhe em banho-maria. Cozinhe por 48 horas. 15 minutos Antes do final, misture os tomates, a cebola e o coentro. Adicione o suco de limão e o sal.

Assim que o cronômetro parar, retire o saco e transfira a carne de porco para uma tábua de cortar. Descarte os sucos do cozimento. Puxe a carne até desfiar. Aqueça o óleo vegetal em uma frigideira em fogo médio e cozinhe a carne de porco desfiada até ficar crocante e crocante. Recheie a tortilha com carne de porco. Cubra com o molho vermelho e sirva.

Chili Frango e Tacos de Chouriço com Queijo

Preparação + tempo de cozedura: 3 horas 25 minutos | Porções: 8

Ingredientes

2 linguiças de porco, sem moldar

1 pimenta poblano, sem caule e sem sementes

½ pimenta jalapeno, sem caule e sementes

4 cebolinhas picadas

1 maço de folhas de coentro fresco

½ xícara de salsa fresca picada

3 dentes de alho

2 colheres de sopa de suco de limão

1 colher de chá de sal

¾ colher de chá de coentro moído

¾ colher de chá de cominho moído

4 peitos de frango desossados e sem pele, fatiados

1 colher de óleo vegetal

½ cebola amarela, em fatias finas

8 tacos de milho

3 colheres de queijo provolone

1 tomate

1 alface iceberg, desfiada

Endereços

Coloque ½ xícara de água, pimenta poblano, pimenta jalapeño, cebolinha, coentro, salsa, alho, suco de limão, sal, coentro e cominho no liquidificador e bata até ficar homogêneo. Coloque as tiras de frango e a mistura de pimenta em um saco com zíper. Transfira para a geladeira e deixe esfriar por 1 hora.

Prepare um banho-maria e coloque Sous Vide nele. Defina para 141 F. Coloque a mistura de frango no banho. Cozinhe por 1 hora e 30 minutos.

Aqueça o azeite em uma frigideira em fogo médio e refogue a cebola por 3 minutos. Adicione o chouriço e cozinhe por 5-7 minutos. Assim que o cronômetro parar, retire o frango. Descarte os sucos do cozimento. Adicione o frango e misture bem. Recheie as tortilhas com a mistura de frango e chouriço. Cubra com queijo, tomate e alface. Participar.

Frango com verduras

Preparação + tempo de cozedura: 2 horas 15 minutos | Porções: 2

Ingredientes:

1 quilo de peito de frango, sem osso e sem pele
1 xícara de pimentão vermelho, fatiado
1 xícara de pimentão verde, fatiado
1 xícara de abobrinha fatiada
½ xícara de cebola bem picada
1 xícara de floretes de couve-flor
½ xícara de suco de limão espremido na hora
½ xícara de caldo de galinha
½ colher de chá de gengibre moído
1 colher de chá de sal rosa do Himalaia

Endereços:

Em uma tigela, misture o suco de limão com caldo de galinha, gengibre e sal. Mexa bem e acrescente os legumes fatiados. Deixou de lado. Lave bem o peito de frango em água fria corrente. Usando uma faca de cozinha afiada, corte a carne em pedaços pequenos.

Junte aos outros ingredientes e mexa bem. Transfira para um saco grande que possa ser fechado a vácuo e feche. Cozinhe em Sous Vide por 2 horas a 167 F. Sirva imediatamente.

Frango com Mel Picante Fácil

Preparação + tempo de cozedura: 1 hora 45 minutos | Porções: 4

Ingredientes

8 colheres de manteiga

8 dentes de alho picados

6 colheres de sopa de molho de pimenta

1 colher de chá de cominho

4 colheres de mel

Sumo de 1 lima

Sal e pimenta preta a gosto

4 peitos de frango sem osso e sem pele

Endereços

Prepare um banho-maria e coloque o Sous Vide nele. Defina-o para 141 F.

Aqueça uma panela em fogo médio e adicione a manteiga, alho, cominho, molho picante, açúcar, suco de limão e uma pitada de sal e pimenta. Cozinhe por 5 minutos. Reserve e deixe esfriar.

Tempere o frango com sal e pimenta e coloque em 4 sacos fechados a vácuo com a marinada. Libere o ar pelo método de deslocamento de água, sele e mergulhe os sacos em banho-maria. Cozinhe por 1 hora e 30 minutos.

Assim que o cronômetro parar, retire o frango e seque com um pano de prato. Reserve metade do caldo do cozimento de cada saco e transfira para uma panela em fogo médio. Cozinhe até que o molho comece a ferver, coloque o frango dentro e cozinhe por 4 minutos. Retire o frango e corte-o em fatias. Sirva com arroz.

Clássico Frango Cordon Bleu

Preparação + tempo de cozedura: 1 hora 50 minutos + tempo de arrefecimento | Porções: 4

Ingredientes

½ xícara de manteiga
4 peitos de frango sem osso e sem pele
Sal e pimenta preta a gosto
1 colher de chá de pimenta caiena
4 dentes de alho, picados
8 fatias de presunto
8 fatias de queijo emental

Endereços

Prepare um banho-maria e coloque o Sous Vide nele. Ajuste para 141 F. Tempere o frango com sal e pimenta. Cubra com filme transparente e enrole. Reserve e deixe esfriar.

Aqueça uma panela em fogo médio e adicione um pouco de pimenta-do-reino, pimenta caiena, 1/4 xícara de manteiga e alho. Cozinhe até a manteiga derreter. Transfira para uma tigela.

Esfregue o frango de um lado com a mistura de manteiga. Em seguida coloque 2 fatias de presunto e 2 fatias de queijo e cubra.

Enrole cada peito em filme plástico e transfira para a geladeira por 2-3 horas ou congelador por 20-30 minutos.

Coloque o peito em dois sacos seláveis a vácuo. Libere o ar pelo método de deslocamento de água, sele e mergulhe os sacos em banho-maria. Cozinhe por 1 hora e 30 minutos.

Quando o cronômetro parar, remova os seios e remova o plástico. Aqueça a manteiga restante em uma frigideira em fogo médio e doure o frango por 1-2 minutos de cada lado.

Frango Frito Caseiro Crocante

Preparação + tempo de cozedura: 3 horas 20 minutos | Porções: 8)

Ingredientes

½ colher de sopa de manjericão seco
2¼ xícaras de creme de leite
8 coxas de frango
Sal e pimenta branca a gosto
½ xícara de óleo vegetal
3 xícaras de farinha
2 colheres de alho em pó
1 ½ colheres de sopa de pimenta caiena vermelha em pó
1 colher de sopa de mostarda seca

Endereços

Prepare um banho-maria e coloque o Sous Vide nele. Defina para 156 F. Tempere o sal de frango e coloque em um saco lacrado a vácuo. Libere o ar pelo método de deslocamento de água, sele e mergulhe em banho-maria. Cozinhe por 3 horas. Assim que o cronômetro parar, retire o frango e seque com um pano de prato.

Combine sal, farinha, alho em pó, pimenta branca, pimenta caiena vermelha em pó, mostarda, pimenta branca e manjericão em uma tigela. Coloque o creme de leite em outra tigela.

Mergulhe o frango na mistura de farinha, depois no creme de leite e de volta na mistura de farinha. Aqueça o óleo em uma frigideira em fogo médio. Coloque nas coxas e cozinhe por 3-4 minutos até ficar crocante. Participar.

Peitos de Frango Picante

Preparação + tempo de cozedura: 1 hora 40 minutos | Porções: 4

Ingredientes

½ xícara de molho de pimenta

2 colheres de manteiga

1 colher de vinagre branco

1 colher de sopa de vinagre de champanhe

4 peitos de frango, cortados ao meio

Sal e pimenta preta a gosto

Endereços

Prepare um banho-maria e coloque o Sous Vide nele. Defina-o para 141 F.

Aqueça uma panela em fogo médio e misture o molho de pimenta, 1 colher de sopa de manteiga e o vinagre. Cozinhe até a manteiga derreter. Deixou de lado.

Tempere o frango com sal e pimenta e coloque em dois sacos fechados a vácuo com a mistura de pimenta. Libere o ar pelo método de deslocamento de água, sele e mergulhe os sacos em banho-maria. Cozinhe por 1 hora e 30 minutos.

Assim que o cronômetro parar, retire o frango e transfira para uma assadeira. Descarte os sucos do cozimento. Aqueça a manteiga restante na frigideira em fogo alto e doure o frango por 1 minuto de cada lado. Corte em listras. Sirva com salada.

Wraps de alface com frango e gengibre

Preparação + tempo de cozedura: 1 hora 45 minutos | Porções: 5

Ingredientes

½ xícara de molho hoisin
½ xícara de molho de pimenta doce
3 colheres de sopa de molho de soja
2 colheres de gengibre ralado
2 colheres de sopa de gengibre moído
1 colher de sopa de açúcar mascavo
2 dentes de alho picados
Sumo de 1 lima
4 peitos de frango, em cubos
Sal e pimenta preta a gosto
12 folhas de alface, lavadas
⅛ xícara de sementes de papoula
4 cebolinhas

Endereços

Prepare um banho-maria e coloque Sous Vide nele. Ajuste para 141 F. Combine molho de pimenta, gengibre, molho de soja, açúcar mascavo, alho e metade do suco de limão. Aqueça uma panela em fogo médio e despeje a mistura. Cozinhe por 5 minutos. Deixou de lado.

Tempere os peitos com sal e pimenta. Arrume-os em uma camada uniforme em um saco lacrado a vácuo com a mistura de molho de pimenta. Libere o ar pelo método de deslocamento de água, sele e mergulhe a bolsa em banho-maria. Cozinhe por 1 hora e 30 minutos.

Assim que o cronômetro parar, retire o frango e seque com um pano de prato. Descarte os sucos do cozimento. Junte o molho hoisin com os cubos de frango e misture bem. Faça pilhas de 6 folhas de alface.

Divida o frango entre as folhas de alface e cubra com as sementes de papoula e cebolinha antes de embrulhar.

Peitos de Frango com Limão Aromático

Preparação + tempo de cozedura: 1 hora 50 minutos | Porções: 4

Ingredientes

3 colheres de manteiga
4 peitos de frango sem osso e sem pele
Sal e pimenta preta a gosto
Raspas e sumo de 1 limão
¼ xícara de creme de leite
2 colheres de sopa de caldo de galinha
1 colher de sopa de folhas de sálvia fresca picada
1 colher de sopa de azeite
3 dentes de alho, picados
1/4 xícara de cebola roxa picada
1 limão grande, em fatias finas

Endereços

Prepare um banho-maria e coloque o Sous Vide nele. Ajuste para 141 F. Tempere o peito com sal e pimenta.

Aqueça uma panela em fogo médio e misture o suco e as raspas de limão, creme de leite, 2 colheres de sopa de manteiga, caldo de galinha, sálvia, azeite, alho e cebola roxa. Cozinhe até a manteiga derreter. Coloque os seios em 2 sacos fechados a vácuo com a mistura de manteiga de limão. Adicione rodelas de limão. Solte o ar pelo método de deslocamento de água, sele e mergulhe os sacos no banho. Cozinhe por 90 minutos.

Assim que o cronômetro parar, retire os seios e seque-os com um pano de prato. Descarte os sucos do cozimento. Aqueça a manteiga restante em uma frigideira e sele os peitos por 1 minuto de cada lado. Corte os peitos em tiras. Sirva com arroz.

Frango com mostarda e alho

Preparação + tempo de cozedura: 60 minutos | Porções: 5

Ingredientes:

17 onças de peito de frango
1 colher de sopa de mostarda Dijon
2 colheres de mostarda em pó
2 colheres de chá de molho de tomate
3 colheres de manteiga
1 colher de chá de sal
3 colheres de chá de alho picado
¼ xícara de molho de soja

Endereços:

Prepare um banho-maria e coloque o Sous Vide nele. Ajuste para 150 F. Coloque todos os ingredientes em um saco lacrado a vácuo e agite para combinar. Libere o ar pelo método de deslocamento de água, sele e mergulhe a bolsa em banho-maria. Defina o temporizador para 50 minutos. Assim que o cronômetro parar, retire o frango e corte-o em fatias. Servir quente.

Galinha inteira

Preparação + tempo de cozedura: 6 horas 40 minutos | Porções: 6

Ingredientes:

1 frango médio inteiro
3 dentes de alho
3 onças talo de aipo picado
3 colheres de mostarda
Sal e pimenta preta a gosto
1 colher de sopa de manteiga

Endereços:

Prepare um banho-maria e coloque o Sous Vide nele. Defina para 150 F. Combine todos os ingredientes em um saco lacrado a vácuo. Libere o ar pelo método de deslocamento de água, sele e mergulhe o saco no banho. Defina o temporizador para 6 horas e 30 minutos. Feito isso, deixe o frango esfriar um pouco antes de cortar.

Deliciosas asas de frango com molho de búfala

Preparação + tempo de cozedura: 3 horas | Porções: 3

Ingredientes

3 quilos de asas de frango capão
2½ xícaras de molho de búfala
1 maço de salsa fresca

Endereços

Prepare um banho-maria e coloque o Sous Vide nele. Defina-o para 148 F.

Combine as asas de capão com sal e pimenta. Coloque em um saco lacrado a vácuo com 2 xícaras de molho de búfala. Libere o ar pelo método de deslocamento de água, sele e mergulhe a bolsa em banho-maria. Cozinhe por 2 horas. Aqueça o forno para grelhar.

Quando o cronômetro parar, remova as asas e transfira para uma tigela. Despeje o molho de búfala restante e misture bem. Transfira as asas para uma assadeira forrada com papel alumínio e cubra com o molho restante. Asse por 10 minutos, virando pelo menos uma vez. Decore com salsa.

Deliciosas pernas de frango com molho de limão doce

Preparação + tempo de cozedura: 14 horas 30 minutos | Porções: 8

Ingredientes

¼ xícara de azeite

12 coxas de frango

4 pimentões vermelhos picados

6 cebolinhas picadas

4 dentes de alho, picados

1 onça de gengibre fresco, picado

½ xícara de molho Worcestershire

¼ xícara de suco de limão

2 colheres de sopa de raspas de lima

2 colheres de açúcar

2 colheres de sopa de folhas de tomilho fresco

1 colher de sopa de pimenta da Jamaica

Sal e pimenta preta a gosto

1 colher de chá de noz-moscada moída

Endereços

Coloque os pimentões, as cebolas, o alho, o gengibre, o molho inglês, o azeite, o suco e as raspas de limão, o açúcar, o tomilho, a pimenta da Jamaica, o sal e o suco de limão em um processador de alimentos, a pimenta-do-reino e a noz-moscada. e misture. Reserve 1/4 xícara de molho.

Coloque o molho de frango e limão em um saco lacrado a vácuo. Libere o ar usando o método de deslocamento de água. Transfira para a geladeira e deixe marinar por 12 horas.

Prepare um banho-maria e coloque o Sous Vide nele. Ajuste para 152 F. Sele e mergulhe a bolsa no banho-maria. Cozinhe por 2 horas. Assim que o cronômetro parar, retire o frango e seque com um pano de prato. Descarte os sucos do cozimento. Pincele o frango com o molho de limão reservado. Aqueça uma frigideira em fogo alto e doure o frango por 30 segundos de cada lado.

Peitos de Frango com Molho Cajun

Preparação + tempo de cozedura: 1 hora 55 minutos | Porções: 4

Ingredientes

2 colheres de manteiga
4 peitos de frango sem osso e sem pele
Sal e pimenta preta a gosto
1 colher de chá de cominho
½ xícara de marinada de frango cajun

Endereços

Prepare um banho-maria e coloque o Sous Vide nele. Ajuste para 141 F. Tempere os peitos com sal e pimenta e coloque em dois sacos selados a vácuo com o molho Cajun. Libere o ar pelo método de deslocamento de água, sele e mergulhe os sacos em banho-maria. Cozinhe por 1 hora e 30 minutos.

Assim que o cronômetro parar, retire o frango e seque. Descarte os sucos do cozimento. Aqueça a manteiga em uma frigideira em fogo alto e cozinhe o peito por 1 minuto de cada lado. Corte os peitos e sirva.

Peitos De Frango Sriracha

Preparação + tempo de cozedura: 1 hora 55 minutos | Porções: 4

Ingredientes

8 colheres de sopa de manteiga, em cubos
1 quilo de peito de frango desossado e sem pele
Sal e pimenta preta a gosto
1 colher de chá de noz-moscada
1½ xícaras de molho sriracha

Endereços

Prepare um banho-maria e coloque o Sous Vide nele. Defina-o para 141 F.

Tempere os peitos com sal, noz-moscada e pimenta e. coloque em dois sacos fechados a vácuo com molho sriracha. Libere o ar pelo método de deslocamento de água, sele e mergulhe os sacos em banho-maria. Cozinhe por 1 hora e 30 minutos.

Assim que o cronômetro parar, retire o frango e seque com um pano de prato. Descarte os sucos do cozimento. Aqueça a manteiga em uma frigideira em fogo alto e cozinhe os peitos por 1 minuto de cada lado. Corte os peitos em pedaços pequenos.

Salsa frango com molho de curry

Preparação + tempo de cozedura: 2 horas 35 minutos | Porções: 4

Ingredientes

4 peitos de frango sem osso e sem pele
Sal e pimenta preta a gosto
1 colher de sopa de tomilho
1 colher de sopa de salsa
5 xícaras de molho curry de manteiga

Endereços

Prepare um banho-maria e coloque o Sous Vide nele. Defina-o para 141 F.

Tempere o frango com sal, tomilho, salsa e pimenta. Coloque em dois sacos fechados a vácuo com o molho. Libere o ar pelo método de deslocamento de água, sele e mergulhe os sacos em banho-maria. Cozinhe por 1 hora e 30 minutos.

Assim que o cronômetro parar, retire o frango e seque com um pano de prato. Reserve os sucos do cozimento. Aqueça uma panela em fogo alto e despeje os sucos. Cozinhe por 10 minutos até reduzir. Corte o frango em pedaços e junte-os ao molho. Cozinhe por 2-3 minutos. Sirva imediatamente.

Peito de Frango Empanado à Parmegiana

Preparação + tempo de cozedura: 65 minutos | Porções: 4

Ingredientes:

2 peitos de frango, sem pele e sem osso
1 ½ xícara de pesto de manjericão
½ xícara de nozes de macadâmia, moídas
¼ xícara de queijo parmesão ralado
3 colheres de sopa de azeite

Endereços:

Faça um banho-maria, coloque Sous Vide nele e coloque a 65 F. Corte o frango em pedaços pequenos e cubra com pesto. Coloque o frango em dois sacos de vácuo separados sem sobrepor.

Libere o ar pelo método de deslocamento de água e sele os sacos. Mergulhe-os no banho-maria e ajuste o timer para 50 minutos. Assim que o cronômetro parar, remova e abra os sacos.

Transfira os pedaços de frango para um prato escorrido de sucos. Polvilhe com nozes de macadâmia e queijo e cubra bem. Leve uma frigideira ao fogo alto, acrescente o azeite. Assim que o óleo esquentar, frite rapidamente o frango empanado por 1 minuto de todos os lados. Escorra a gordura. Serve como entrada.

Frango Moído com Tomate

Preparação + tempo de cozedura: 100 minutos | Porções: 4

Ingredientes:

1 libra de frango moído
2 colheres de pasta de tomate
¼ xícara de caldo de galinha
¼ xícara de suco de tomate
1 colher de sopa de açúcar branco
1 colher de chá de tomilho
1 colher de cebola em pó
½ colher de chá de orégano

Endereços:

Prepare um banho-maria e coloque o Sous Vide nele. Situado em 147 F.

Misture todos os ingredientes, exceto o frango, em uma panela. Cozinhe em fogo médio por 2 minutos. Transfira para um saco selável a vácuo. Libere o ar pelo método de deslocamento de água, sele e mergulhe o saco no banho. Cozinhe por 80 minutos. Feito isso, retire o saco e corte em fatias. Servir quente.

Ensopado de Frango com Cogumelos

Preparação + tempo de cozedura: 1 hora 5 minutos | Porções: 2

Ingredientes:

2 coxas de frango médias, sem pele
½ xícara de tomate assado no fogo, em cubos
½ xícara de caldo de galinha
1 colher de pasta de tomate
½ xícara de cogumelos picados
1 talo de aipo médio
1 cenoura pequena, picada
1 cebola pequena picada
1 colher de sopa de manjericão fresco, finamente picado
1 dente de alho amassado
Sal e pimenta preta a gosto

Endereços:

Faça um banho de água, coloque o Sous Vide nele e ajuste para 129 F. Esfregue as coxas com sal e pimenta. Deixou de lado. Pique o talo de aipo em pedaços de 1/2 polegada de comprimento.

Agora, coloque a carne em um grande saco lacrado a vácuo junto com a cebola, a cenoura, os cogumelos, o talo de aipo e os tomates assados no fogo. Mergulhe o saco selado no banho-maria e ajuste o cronômetro para 45 minutos.

Assim que o cronômetro parar, retire o saco do banho-maria e abra-o. A carne deve sair do osso com facilidade, então remova os ossos.

Aqueça um pouco de óleo em uma panela média e adicione o alho. Frite brevemente por cerca de 3 minutos, mexendo sempre. Adicione o conteúdo do saco, o caldo de galinha e o extrato de tomate. Deixe ferver e reduza o fogo para médio. Cozinhe por mais 5 minutos, mexendo de vez em quando. Sirva polvilhado com manjericão.

Peito de Frango Assado Mais Fácil

Preparação + tempo de cozedura: 75 minutos | Porções: 3

Ingredientes:

1 quilo de peito de frango desossado
Sal e pimenta preta a gosto
1 colher de chá de alho em pó

Endereços:

Faça um banho-maria, coloque o Sous Vide nele e ajuste para 150 F. Seque os peitos de frango e tempere com sal, alho em pó e pimenta. Coloque o frango em um saco lacrado a vácuo, libere o ar usando o método de deslocamento de água e feche.

Coloque na água e ajuste o timer para cozinhar por 1 hora. Assim que o cronômetro parar, remova e abra a bolsa. Retire o frango e deixe esfriar para uso posterior.

Coxas de frango laranja

Preparação + tempo de cozedura: 2 horas | Porções: 4

Ingredientes:

2 quilos de coxas de frango
2 pimentões pequenos, finamente picados
1 xícara de caldo de galinha
1 cebola picada
½ xícara de suco de laranja espremido na hora
1 colher de chá de extrato líquido de laranja
2 colheres de óleo vegetal
1 colher de chá de tempero para churrasco
salsa fresca para decorar

Endereços:

Faça um banho de água, coloque Sous Vide nele e ajuste para 167 F.

Aqueça o azeite em uma panela grande. Adicione a cebola picada e refogue por 3 minutos, em fogo médio, até ficar transparente.

Em um processador de alimentos, misture o suco de laranja com a pimenta malagueta e o extrato de laranja. Pulso até ficar bem combinado. Despeje a mistura em uma panela e abaixe o fogo. Cozinhe em fogo baixo por 10 minutos.

Cubra o frango com a mistura de temperos para churrasco e coloque em uma panela. Adicione o caldo de galinha e cozinhe até que metade do líquido tenha evaporado. Remova para um saco grande selável a vácuo e sele. Mergulhe o saco no banho-maria e cozinhe por 45 minutos. Assim que o cronômetro parar, retire o saco do banho-maria e abra-o. Decore com salsa fresca e sirva.

frango com tomilho limão

Preparação + tempo de cozedura: 2 horas 15 minutos | Porções: 3

Ingredientes:

3 coxas de frango
Sal e pimenta preta a gosto
3 rodelas de limão
3 ramos de tomilho
3 colheres de sopa de azeite para dourar

Endereços:

Faça um banho-maria, coloque Sous Vide nele e ajuste para 165 F. Tempere o frango com sal e pimenta. Cubra com rodelas de limão e raminhos de tomilho. Coloque-os em um saco selável a vácuo, libere o ar usando o método de deslocamento de água e sele o saco. Mergulhe no saco de água e ajuste o timer para 2 horas.

Assim que o cronômetro parar, remova e abra a bolsa. Aqueça o azeite em uma frigideira de ferro fundido em fogo alto. Coloque as coxas de frango com a pele voltada para baixo na frigideira e frite até dourar. Decore com rodelas extras de limão. Sirva com um lado de arroz cauli.

Salada De Frango Pimenta

Preparação + tempo de cozedura: 1 hora 15 minutos | Porções: 4

Ingredientes:

4 peitos de frango, sem osso e sem pele

¼ xícara de óleo vegetal mais três colheres de sopa para salada

1 cebola média, descascada e picada finamente

6 tomates cereja cortados ao meio

Sal e pimenta preta a gosto

1 xícara de alface bem picada

2 colheres de sopa de suco de limão espremido na hora

Endereços:

Faça um banho de água, coloque Sous Vide nele e ajuste para 149 F.

Passe bem a carne por água fria e seque com papel de cozinha. Corte a carne em pedaços pequenos e coloque-os em um saco fechado a vácuo junto com ¼ de xícara de óleo e feche. Mergulhe o saco no banho-maria. Assim que o cronômetro parar, retire o frango do saco, seque e deixe esfriar até a temperatura ambiente.

Em uma tigela grande, misture a cebola, os tomates e a alface. Por fim, acrescente os peitos de frango e tempere com três colheres de sopa de azeite, suco de limão e um pouco de sal a gosto. Cubra com iogurte grego e azeitonas. No entanto, é opcional. Sirva frio.

Galinha inteira

Preparação + tempo de cozedura: 7 horas 15 minutos | Porções: 6

Ingredientes:

1 (5 libras) de frango inteiro, amarrado
5 xícaras de caldo de galinha
3 xícaras de pimentão misto, em cubos
3 xícaras de aipo, em cubos
3 xícaras de alho-poró, em cubos
1 ¼ colher de chá de sal
1 ¼ colher de chá de pimenta-do-reino preta
2 folhas de louro

Endereços:

Faça um banho de água, coloque Sous Vide nele e coloque a 150 F. Tempere o frango com sal.

Coloque todos os ingredientes listados e o frango em um saco grande que possa ser fechado a vácuo. Libere o ar usando o método de deslocamento de água e sele o saco a vácuo. Mergulhe em banho-maria e ajuste o cronômetro para 7 horas.

Cubra a água com um saco plástico para reduzir a evaporação e regue a cada 2 horas no banheiro. Assim que o cronômetro parar, remova e abra a bolsa. Pré-aqueça um frango, remova cuidadosamente o frango e seque. Coloque o frango no espeto e grelhe até que a pele fique dourada. Deixe o frango descansar por 8 minutos, fatie e sirva.

Coxas de frango apimentadas simples

Preparação + tempo de cozedura: 2 horas 55 minutos | Porções: 6

Ingredientes:

1 libra de coxas de frango com osso
3 colheres de manteiga
1 colher de pimenta caiena
Sal a gosto

Endereços:

Faça um banho-maria, coloque Sous Vide nele e ajuste para 165 F. Tempere o frango com pimenta e sal. Coloque o frango com uma colher de sopa de manteiga em um saco lacrado a vácuo. Libere o ar pelo método de deslocamento de água, sele e mergulhe a bolsa em banho-maria. Defina o temporizador para 2 horas e 30 minutos.

Assim que o cronômetro parar, remova a bolsa e abra-a. Pré-aqueça uma grelha e derreta a manteiga restante no microondas. Unte a grelha com um pouco de manteiga e pincele o frango com a manteiga restante. Brown até marrom escuro. Sirva como petisco.

asas de frango Bufalo

Preparação + tempo de cozedura: 1 hora e 20 minutos |
Porções: 6

Ingredientes:

3 quilos de asas de frango
3 colheres de chá de sal
2 colheres de chá de alho picado
2 colheres de sopa de páprica defumada
1 colher de chá de açúcar
½ xícara de molho picante
5 colheres de manteiga
2 ½ xícaras de farinha de amêndoa
azeite para fritar

Endereços:

Faça um banho de água, coloque Sous Vide nele e ajuste para 144 F.

Combine asas, alho, sal, açúcar e páprica defumada. Cubra o frango uniformemente. Coloque em um saco selável a vácuo de tamanho considerável, libere o ar usando o método de deslocamento de água e sele o saco.

Mergulhe na água. Defina o timer para cozinhar por 1 hora. Assim que o cronômetro parar, remova e abra a bolsa. Despeje a farinha em uma tigela grande, adicione o frango e misture bem.

Aqueça o óleo em uma frigideira em fogo médio, frite o frango até dourar. Retirar e reservar. Em outra frigideira, derreta a manteiga e acrescente o molho picante. Cubra as asas com manteiga e molho picante. Sirva como aperitivo

rissóis de frango desfiados

Preparação + tempo de cozedura: 3 horas 15 minutos | Porções: 5

Ingredientes:

½ quilo de peito de frango, sem pele e sem osso
½ xícara de nozes de macadâmia, moídas
⅓ xícara de maionese de azeite
3 cebolas verdes, finamente picadas
2 colheres de sopa de suco de limão
Sal e pimenta preta a gosto
3 colheres de sopa de azeite

Endereços:

Faça um banho de água, coloque Sous Vide nele e ajuste para 165 F. Coloque o frango em um saco lacrado a vácuo, libere o ar pelo método de deslocamento de água e feche. Coloque o saco no banho-maria e ajuste o timer para 3 horas. Assim que o cronômetro parar, remova e abra a bolsa.

Desfie o frango e coloque-o numa tigela juntamente com todos os restantes ingredientes, exceto o azeite. Misture uniformemente e faça rissóis. Aqueça o azeite em uma frigideira em fogo médio. Adicione os hambúrgueres e frite até dourar dos dois lados.

Coxas de frango com purê de cenoura

Preparação + tempo de cozedura: 60 minutos | Porções: 5

Ingredientes:

2 quilos de coxas de frango
1 xícara de cenoura, em fatias finas
2 colheres de sopa de azeite
¼ xícara de cebola bem picada
2 xícaras de caldo de galinha
2 colheres de sopa de salsa fresca, finamente picada
2 dentes de alho amassados
Sal e pimenta preta a gosto

Endereços:

Faça um banho de água, coloque o Sous Vide nele e ajuste para 167 F. Lave as coxas de frango em água fria e seque com papel de cozinha. Deixou de lado.

Em uma tigela, misture 1 colher de sopa de azeite, salsa, sal e pimenta. Mexa bem e pincele generosamente as coxas com a mistura. Coloque em um saco grande a vácuo e acrescente o caldo de galinha. Aperte o saco para retirar o ar. Feche o saco e coloque-o em banho-maria e ajuste o cronômetro para 45 minutos. Assim que o cronômetro parar, retire as coxas do saco e seque. Reserve o líquido do cozimento.

Enquanto isso, prepare as cenouras. Transfira para um liquidificador e processe até formar um purê. Deixou de lado.

Aqueça o azeite restante em uma frigideira grande em fogo médio. Adicione o alho e a cebola e refogue por cerca de 1-2 minutos, ou até ficar macio. Adicione as coxas de frango e cozinhe por 2-3 minutos, virando ocasionalmente. Teste o cozimento, ajuste os temperos e adicione o caldo. Deixe ferver e retire do fogo. Transfira as coxas para um prato de servir e cubra com purê de cenoura e polvilhe com salsa.

Frango ao Limão com Hortelã

Preparação + tempo de cozedura: 2 horas 40 minutos | Porções: 3

Ingredientes:

1 libra de coxas de frango, sem osso e sem pele
¼ xícara de óleo
1 colher de sopa de suco de limão espremido na hora
2 dentes de alho amassados
1 colher de chá de gengibre
½ colher de chá de pimenta caiena
1 colher de chá de hortelã fresca, finamente picada
½ colher de chá de sal

Endereços:

Em uma tigela pequena, misture o azeite com suco de limão, alho, gengibre moído, hortelã, pimenta caiena e sal. Pincele generosamente cada coxa com esta mistura e leve à geladeira por pelo menos 30 minutos.

Retire as sobrecoxas da geladeira. Coloque em um grande saco lacrado a vácuo e cozinhe por 2 horas a 149 F. Retire do saco lacrado a vácuo e sirva imediatamente com cebolinha.

Frango com Doce de Cereja

Preparação + tempo de cozedura: 4 horas 25 minutos | Porções: 4

Ingredientes

2 libras de frango com osso e pele
4 colheres de geléia de cereja
2 colheres de sopa de noz-moscada moída
Sal e pimenta preta a gosto

Endereços

Prepare um banho-maria e coloque o Sous Vide nele. Ajuste para 172 F. Tempere o frango com sal e pimenta e misture com os ingredientes restantes. Coloque em um saco selável a vácuo. Libere o ar pelo método de deslocamento de água, sele e mergulhe a bolsa em banho-maria. Cozinhe por 4 horas.

Assim que o cronômetro parar, retire o saco e coloque-o em uma assadeira. Aqueça o forno a 450 F. e asse por 10 minutos até ficar crocante. Transfira para um prato e sirva.

Coxas de frango doces e picantes

Preparação + tempo de cozedura: 2 horas 20 minutos | Porções: 3

Ingredientes:

½ colher de açúcar

½ xícara de molho de soja

2 ½ colheres de chá de gengibre picado

2 ½ colheres de chá de alho picado

2 ½ colheres de chá de purê de pimenta vermelha

¼ libra de coxas de frango sem pele pequenas

2 colheres de sopa de azeite

2 colheres de sopa de gergelim para decorar

1 cebolinha picada para decorar

Sal e pimenta preta a gosto

Endereços:

Faça um banho de água, coloque Sous Vide nele e ajuste para 165 F. Esfregue o frango com sal e pimenta. Coloque o frango em um saco lacrado a vácuo, libere o ar usando o método de deslocamento de água e feche.

Coloque o saco no banho-maria e ajuste o timer para 2 horas. Assim que o cronômetro parar, remova e abra a bolsa. Em uma tigela, misture os demais ingredientes listados, exceto o azeite. Deixou de lado. Aqueça o óleo em uma frigideira em fogo médio, adicione o frango.

Depois de dourar levemente dos dois lados, adicione o molho e cubra o frango. Cozinhe por 10 minutos. Decore com gergelim e cebolinha. Sirva com um lado de arroz de couve-flor.

peitos de frango recheados

Preparação + tempo de cozedura: 1 hora 15 minutos | Porções: 5

Ingredientes:

2 libras de peito de frango desossado e sem pele
2 colheres de sopa de salsa fresca, finamente picada
2 colheres de sopa de manjericão fresco, finamente picado
1 ovo grande
½ xícara de cebolinha picada
Sal e pimenta preta a gosto
2 colheres de sopa de azeite

Endereços:

Faça um banho de água, coloque Sous Vide nele e ajuste para 165 F. Lave bem os peitos de frango e seque com papel de cozinha. Esfregue um pouco de sal e pimenta e reserve.

Em uma tigela, misture o ovo, a salsa, o manjericão e a cebolinha. Mexa até incorporar bem. Coloque os peitos de frango em uma superfície limpa e despeje a mistura de ovos no meio. Dobre os peitos para selar. Coloque os seios em sacos selados a vácuo separados e pressione para remover o ar. Feche a tampa e coloque no banho-maria preparado. Cozinhe sous vide por 1 hora. Assim que o cronômetro parar, retire os peitos de frango. Aqueça o óleo em uma frigideira em fogo médio. Adicione os peitos de frango e sele por 2 minutos de cada lado.

Frango apimentado

Preparação + tempo de cozedura: 2 horas 40 minutos | Porções: 8

Ingredientes:

1 frango de cinco quilos, inteiro
3 colheres de sopa de suco de limão
½ xícara de azeite
6 folhas de louro, secas
2 colheres de sopa de alecrim triturado
3 colheres de tomilho seco
2 colheres de óleo de coco
¼ xícara de raspas de limão
3 dentes de alho, picados
Sal e pimenta preta a gosto

Endereços:

Faça um banho de água, coloque Sous Vide nele e ajuste para 149 F. Lave bem o frango em água fria e seque com uma toalha de cozinha. Deixou de lado.

Em uma tigela pequena, misture o azeite com sal, suco de limão, louro seco, alecrim e tomilho. Recheie a cavidade do frango com as rodelas de limão e esta mistura.

Em outra tigela, misture o óleo de coco com as raspas de limão e o alho. Solte a pele do frango da carne. Esfregue esta mistura sob a pele e coloque-a em um grande saco plástico. Leve à geladeira por 30 minutos. Retire da geladeira e coloque em um saco grande que possa ser fechado a vácuo. Coloque o saco no banho-maria e ajuste o timer para 2 horas.

coxas de frango mediterrânea

Preparação + tempo de cozedura: 1 hora 40 minutos | Porções: 3

Ingredientes:

1 libra de coxas de frango
1 xícara de azeite
½ xícara de suco de limão espremido na hora
½ xícara de folhas de salsa, bem picadas
3 dentes de alho, esmagados
1 colher de pimenta caiena
1 colher de chá de orégano seco
1 colher de chá de sal marinho

Endereços:

Lave a carne em água corrente fria e escorra em uma peneira grande. Em uma tigela, misture o azeite com suco de limão, salsa picada, alho amassado, pimenta caiena, orégano e sal. Mergulhe os filés nesta mistura e cubra. Leve à geladeira por 30 minutos.

Retire a carne da geladeira e escorra. Coloque em um grande vácuo selável e cozinhe em Sous Vide por uma hora a 167 F.

Peitos De Frango Com Molho Harissa

Preparação + tempo de cozedura: 65 minutos | Porções: 4

Ingredientes

1 libra de peito de frango, em cubos
1 talo de capim-limão fresco, picado
2 colheres de sopa de molho de peixe
2 colheres de açúcar de coco
Sal a gosto
1 colher de sopa de molho harissa

Endereços

Prepare um banho-maria e coloque o Sous Vide nele. Leve a 149 F. No liquidificador, bata o capim-limão, o molho de peixe, o açúcar e o sal. Marinar o frango com o molho e fazer espetinhos. Coloque-o em um saco selável a vácuo. Libere o ar pelo método de deslocamento de água, sele e mergulhe a bolsa em banho-maria. Cozinhe por 45 minutos.

Assim que o cronômetro parar, remova o saco e transfira-o para um banho de água fria. Retire o frango e bata com o molho harissa. Aqueça uma frigideira em fogo médio e doure o frango. Participar.

Frango ao Alho com Cogumelos

Preparação + tempo de cozedura: 2 horas 15 minutos | Porções: 6

Ingredientes:

2 quilos de coxas de frango sem pele
1 libra de cogumelos cremini, fatiados
1 xícara de caldo de galinha
1 dente de alho amassado
4 colheres de sopa de azeite
½ colher de chá de cebola em pó
½ colher de chá de folhas de sálvia secas
¼ colher de chá de pimenta caiena
Sal e pimenta preta a gosto

Endereços:

Lave bem as coxas em água corrente fria. Seque com papel de cozinha e reserve. Em uma frigideira grande, aqueça o azeite em fogo médio. Doure os dois lados das coxas de frango por 2 minutos. Retire da panela e reserve.

Agora, adicione o alho e refogue até dourar levemente. Adicione os cogumelos, despeje o caldo e cozinhe até ferver. Retire da panela e reserve. Tempere as coxas com sal, pimenta, pimenta caiena e cebola em pó. Coloque em um saco grande com zíper junto com os cogumelos e a sálvia. Feche o saco e cozinhe sous vide por 2 horas a 149 F.

Coxas de frango com ervas

Preparação + tempo de cozedura: 4 horas 10 minutos | Porções: 4

Ingredientes:

1 libra de coxas de frango
1 xícara de azeite extra virgem
¼ xícara de vinagre de maçã
3 dentes de alho, esmagados
½ xícara de suco de limão espremido na hora
1 colher de sopa de manjericão fresco picado
2 colheres de sopa de tomilho fresco picado
1 colher de sopa de alecrim fresco picado
1 colher de chá de pimenta caiena
1 colher de chá de sal

Endereços:

Lave a carne em água fria corrente e coloque em uma peneira grande para escorrer. Deixou de lado.

Em uma tigela grande, misture o azeite com o vinagre de maçã, alho, suco de limão, manjericão, tomilho, alecrim, sal e pimenta caiena. Mergulhe as coxas nesta mistura e leve à geladeira por uma hora. Retire a carne da marinada e escorra. Coloque em um saco grande selável a vácuo e cozinhe em Sous Vide por 3 horas a 149 F.

Pudim de frango com corações de alcachofra

Tempo de preparação + cozedura: 1 hora e 30 minutos | Porções: 3

Ingredientes:

1 quilo de peito de frango, desossado e sem pele

2 alcachofras médias

2 colheres de manteiga

2 colheres de sopa de azeite extra virgem

suco de 1 limão

Um punhado de folhas de salsa fresca, bem picadas

Sal e pimenta preta a gosto

½ colher de chá de pimenta

Endereços:

Lave bem a carne e seque com papel de cozinha. Com uma faca de cozinha afiada, corte a carne em pedaços menores e retire os ossos. Regue com azeite e reserve.

Aqueça a frigideira em fogo médio. Abaixe o fogo ligeiramente para médio e adicione a carne. Cozinhe por 3 minutos até dourar dos dois lados. Retire do fogo e transfira para um saco grande que possa ser fechado a vácuo. Feche o saco e cozinhe em Sous Vide por uma hora a 149 F.

Enquanto isso, prepare a alcachofra. Corte o limão ao meio e esprema o suco em uma tigela pequena. Divida o suco ao meio e reserve. Usando uma faca afiada, corte as folhas externas até chegar às amarelas macias. Apare a pele externa verde ao redor da base da alcachofra e cozinhe no vapor. Certifique-se de remover os 'cabelos' ao redor do coração de alcachofra. Eles não são comestíveis, então jogue-os fora.

Corte a alcachofra em pedaços de meia polegada. Esfregue com metade do suco de limão e coloque em uma panela de fundo grosso. Adicione água suficiente para cobrir e cozinhe até ficar completamente macio com um garfo. Retire do fogo e escorra. Deixe esfriar um pouco em temperatura ambiente. Corte cada pedaço em tiras finas.

Agora combine a alcachofra com a carne de frango em uma tigela grande. Adicione sal, pimenta e suco de limão restante. Derreta a manteiga em fogo médio e regue o pudim. Polvilhe com pimenta e sirva.

Caldo de frango

Preparação + tempo de cozedura: 12 horas 25 minutos | Porções: 3

Ingredientes:

2 libras de frango, qualquer parte: coxas, peitos

5 xícaras de água

2 talos de aipo picados

2 cebolas brancas picadas

Endereços:

Faça um banho de água, coloque Sous Vide nele e ajuste para 194 F. Separe todos os ingredientes em 2 sacos a vácuo, dobre a parte superior dos sacos 2-3 vezes. Coloque no banho-maria. Defina o temporizador para 12 horas.

Assim que o cronômetro parar, retire os saquinhos e transfira os ingredientes para uma panela. Ferva os ingredientes em fogo alto por 10 minutos. Desligue o fogo e coe. Use o caldo como base de sopa.

Molho Pomodoro De Cebola

Preparação + tempo de cozedura: 30 minutos | Porções: 4

Ingredientes

4 xícaras de tomates, cortados ao meio e sem caroço
½ cebola picada
½ colher de chá de açúcar
¼ xícara de orégano fresco
2 dentes de alho picados
Sal e pimenta preta a gosto
5 colheres de sopa de azeite

Endereços:

Prepare um banho-maria e coloque o Sous Vide nele. Defina para 175 F. Coloque os tomates, orégano, alho, cebola e açúcar em um saco lacrado a vácuo. Libere o ar pelo método de deslocamento de água, sele e mergulhe a bolsa em banho-maria. Cozinhe por 15 minutos.

Assim que o cronômetro parar, retire o saco e transfira o conteúdo para um liquidificador e bata por 1 minuto até ficar homogêneo. Cubra com pimenta preta.

purê de pimentão

Preparação + tempo de cozedura: 40 minutos | Porções: 4

Ingredientes:

8 pimentões vermelhos, sem caroço
⅓ xícara de azeite
2 colheres de sopa de suco de limão
3 dentes de alho, esmagados
2 colheres de chá de páprica doce

Endereços:

Faça um banho de água e coloque o Sous Vide nele e ajuste para 183 F. Coloque os pimentões, o alho e o azeite em um saco lacrado a vácuo. Libere o ar pelo método de deslocamento de água, sele e mergulhe os sacos em banho-maria. Defina o timer para 20 minutos e cozinhe.

Assim que o cronômetro parar, remova a bolsa e abra. Transfira o pimentão e o alho para um liquidificador e bata até ficar homogêneo. Coloque uma frigideira em fogo médio; adicione o purê de pimentão e os demais ingredientes. Cozinhe por 3 minutos. Sirva quente ou frio como um mergulho.

Tempero Jalapeno

Preparação + tempo de cozedura: 70 minutos | Porções: 6

Ingredientes:

2 pimentas jalapeño

2 pimentões verdes

2 dentes de alho amassados

1 cebola, descascada apenas

3 colheres de chá de orégano em pó

3 colheres de chá de pimenta preta em pó

2 colheres de chá de alecrim em pó

10 colheres de chá de anis em pó

Endereços

Faça um banho de água, coloque o Sous Vide nele e ajuste para 185 F. Coloque os pimentões e a cebola em um saco lacrado a vácuo. Libere o ar pelo método de deslocamento de água, sele e mergulhe a bolsa em banho-maria. Defina o temporizador para 40 minutos.

Assim que o cronômetro parar, remova e abra a bolsa. Transfira o pimentão e a cebola com 2 colheres de sopa de água para um liquidificador e bata até ficar homogêneo.

Leve um tacho ao lume brando, junte o puré de pimentos e os restantes ingredientes. Cozinhe em fogo baixo por 15 minutos. Desligue o fogo e deixe esfriar. Guarde em um pote de especiarias, leve à geladeira e use por até 7 dias. Use-o como tempero.

Caldo de carne

Preparação + tempo de cozedura: 13 horas 25 minutos | Porções: 6

Ingredientes:

3 quilos de pernas de boi

1 ½ libra de ossos de boi

1/2 libra de carne moída

5 xícaras de pasta de tomate

6 cebolas doces

3 cabeças de alho

6 colheres de pimenta preta

5 ramos de tomilho

4 folhas de louro

10 xícaras de água

Endereços:

Pré-aqueça o forno a 425 F. Coloque os ossos e as pernas de boi em uma assadeira e pincele com o extrato de tomate. Adicione o alho e a cebola. Deixou de lado. Coloque e esfarele a carne moída em outra assadeira. Coloque as assadeiras no forno e asse até dourar.

Feito isso, escorra a gordura das assadeiras. Faça um banho-maria em um recipiente grande, coloque o Sous Vide nele e ajuste para 195 F. Separe a carne moída, os legumes assados, a pimenta-do-reino, o tomilho e o louro em 3 sacos a vácuo. Deglaze assadeiras com água e adicione aos sacos. Dobre a parte superior dos sacos 2-3 vezes.

Coloque os sacos no banho-maria e prenda-os ao recipiente Sous Vide. Defina o temporizador para 13 horas. Assim que o cronômetro parar, retire os saquinhos e transfira os ingredientes para uma panela. Leve os ingredientes ao fogo alto. Cozinhe por 15 minutos. Desligue o fogo e coe. Use o caldo como base de sopa.

Rub de Alho e Manjericão

Preparação + tempo de cozedura: 55 minutos | Porções: 15

Ingredientes:

2 cabeças de alho amassadas
2 colheres de chá de azeite
Uma pitada de sal
1 cabeça de bulbo de erva-doce picada
2 limões, ralados e espremidos
¼ de açúcar
25 folhas de manjericão

Endereços:

Faça um banho-maria, coloque Sous Vide nele e ajuste para 185 F. Coloque a erva-doce e o açúcar em um saco lacrado a vácuo. Libere o ar pelo método de deslocamento de água, sele e mergulhe a bolsa em banho-maria. Defina o temporizador para 40 minutos. Assim que o cronômetro parar, remova e abra a bolsa.

Transfira a erva-doce, o açúcar e os ingredientes restantes da lista para um liquidificador e bata até ficar homogêneo.

Armazene em um recipiente de especiarias e use até uma semana refrigerado.

Molho balsâmico de mel e cebola

Preparação + tempo de cozedura: 1 hora 55 minutos | Porções: 1)

Ingredientes

3 cebolas doces picadas
1 colher de sopa de manteiga
Sal e pimenta preta a gosto
2 colheres de vinagre balsâmico
1 colher de mel
2 colheres de chá de folhas de tomilho fresco

Endereços

Prepare um banho-maria e coloque o Sous Vide nele. Defina-o para 186 F.

Aqueça uma frigideira em fogo médio com manteiga. Adicione a cebola, tempere com sal e pimenta e cozinhe por 10 minutos. Adicione o vinagre balsâmico e cozinhe por 1 minuto. Retire do fogo e despeje o mel.

Coloque a mistura em um saco selável a vácuo. Libere o ar pelo método de deslocamento de água, sele e mergulhe a bolsa em banho-maria. Cozinhe por 90 minutos. Assim que o cronômetro parar, retire o saco e transfira para um prato. Decore com tomilho fresco. Sirva com pizza ou sanduíche.

Molho de tomate

Preparação + tempo de cozedura: 55 minutos | Porções: 4

Ingredientes:

1 lata (16 onças) de tomates, esmagados
1 cebola branca pequena, em cubos
1 xícara de folhas frescas de manjericão
1 colher de sopa de azeite
1 dente de alho amassado
Sal a gosto
1 folha de louro
1 pimentão vermelho

Endereços:

Faça um banho de água, coloque Sous Vide nele e ajuste para 185 F. Coloque todos os ingredientes listados em um saco lacrado a vácuo. Libere o ar pelo método de deslocamento de água, sele e mergulhe a bolsa em banho-maria. Defina o temporizador para 40 minutos. Assim que o cronômetro parar, remova e abra a bolsa. Descarte a folha de louro e transfira o restante dos ingredientes para um liquidificador e bata bem. Sirva como acompanhamento.

Sopa de Frutos do Mar

Preparação + tempo de cozedura: 10 horas 10 minutos | Porções: 6

Ingredientes:

1 libra de cascas de camarão, cabeça e cauda

3 xícaras de água

1 colher de sopa de azeite

2 colheres de chá de sal

2 ramos de alecrim

½ cabeça de alho amassada

½ xícara de folhas de aipo picadas

Endereços:

Faça um banho-maria, coloque o Sous Vide e leve a 180 F. Misture os camarões com o azeite. Coloque o camarão com os restantes ingredientes da lista num saco fechado a vácuo. Solte o ar, feche e mergulhe o saco no banho-maria e ajuste o cronômetro para 10 horas.

Sopa de peixe

Preparação + tempo de cozedura: 10 horas 15 minutos | Porções: 4

Ingredientes:

5 xícaras de água
½ quilo de filé de peixe com pele
1 quilo de cabeça de peixe
5 cebolas verdes médias
3 cebolas doces
¼ quilo de alga preta (Kombu)

Endereços:

Faça um banho de água, coloque Sous Vide nele e ajuste para 194 F. Separe todos os ingredientes listados igualmente em 2 sacos a vácuo, dobre a parte superior dos sacos 2 vezes. Coloque-os no banho-maria e prenda-os ao recipiente Sous Vide. Defina o temporizador para 10 horas.

Assim que o cronômetro parar, retire os saquinhos e transfira os ingredientes para uma panela. Ferva os ingredientes em fogo alto por 5 minutos. Desligue o fogo e coe. Leve à geladeira e use até 14 dias.

Molho de Espargos Mostarda

Preparação + tempo de cozedura: 30 minutos | Porções: 2

Ingredientes

1 maço de aspargos grandes
Sal e pimenta preta a gosto
¼ xícara de azeite
1 colher de chá de mostarda Dijon
1 colher de chá de endro
1 colher de chá de vinagre de vinho tinto
1 ovo cozido picado
salsa fresca picada

Endereços

Prepare um banho-maria e coloque o Sous Vide nele. Defina-o para 186 F.

Pique o fundo dos aspargos e descarte.

Descasque a parte inferior da haste e coloque em um saco selável a vácuo. Libere o ar pelo método de deslocamento de água, sele e mergulhe a bolsa em banho-maria. Cozinhe por 15 minutos.

Assim que o cronômetro parar, remova o saco e transfira-o para um banho de gelo. Separe os sucos do cozimento. Numa tigela, para o vinagrete, junte o azeite, o vinagre e a mostarda; mexa bem. Tempere com sal e transfira para uma jarra de vidro. Sele e agite até ficar bem combinado. Cubra com a salsa, o ovo e o vinagrete.

Sopa de verduras

Preparação + tempo de cozedura: 12 horas 35 minutos | Porções: 10)

Ingredientes:

1 ½ xícaras de raiz de aipo, em cubos
1 ½ xícaras de alho-poró, em cubos
½ xícara de bulbo de erva-doce, em cubos
4 dentes de alho, esmagados
1 colher de sopa de azeite
6 xícaras de água
1 ½ xícaras de cogumelos
½ xícara de salsinha picada
1 colher de sopa de pimenta preta
1 folha de louro

Endereços:

Faça um banho-maria, coloque o Sous Vide nele e ajuste para 180 F. Pré-aqueça o forno a 450 F. Coloque o alho-poró, aipo, erva-doce, alho e azeite em uma tigela. Jogue-os. Transfira para uma assadeira e leve ao forno. Grelhe por 20 minutos.

Coloque os legumes assados com seus sucos, água, salsinha, pimenta em grão, cogumelos e louro em um saco fechado a vácuo. Solte o ar, feche e mergulhe o saco no banho-maria e ajuste o cronômetro para 12 horas. Cubra o recipiente do banho-maria com filme plástico para reduzir a evaporação e continue adicionando água ao banho para manter os vegetais cobertos.

Assim que o cronômetro parar, remova e abra a bolsa. Coe os ingredientes. Deixe esfriar e use congelado por até 1 mês.

Assim que o cronômetro parar, remova e abra a bolsa. Coe os ingredientes. Deixe esfriar e use congelado por até 2 semanas.

Queijo Edamame Tabasco Alho

Preparação + tempo de cozedura: 1 hora 6 minutos | Porções: 4

Ingredientes

1 colher de sopa de azeite
4 xícaras de vagens de edamame frescas
1 colher de chá de sal
1 dente de alho picado
1 colher de sopa de flocos de pimenta vermelha
1 colher de sopa de molho Tabasco

Endereços

Prepare um banho-maria e coloque o Sous Vide nele. Defina-o para 186 F.

Aqueça uma panela com água em fogo alto e escalde as panelas de edamame por 60 segundos. Coe e transfira para um banho de água gelada. Combine alho, flocos de pimenta vermelha, molho Tabasco e azeite.

Coloque o edamame em um saco lacrado a vácuo. Despeje o molho Tabasco. Libere o ar pelo método de deslocamento de água, sele e mergulhe a bolsa em banho-maria. Cozinhe por 1 hora. Assim que o cronômetro parar, retire o saco e transfira para uma tigela e sirva.

Purê de Ervilha Branca Herby

Preparação + tempo de cozedura: 55 minutos | Porções: 6

Ingredientes

½ xícara de caldo de legumes

1 quilo de ervilhas frescas

Raspas de 1 limão

2 colheres de sopa de manjericão fresco picado

1 colher de sopa de azeite

Sal e pimenta preta a gosto

2 colheres de sopa de cebolinha fresca picada

2 colheres de sopa de salsa fresca picada

¾ colher de chá de alho em pó

Endereços

Prepare um banho-maria e coloque o Sous Vide nele. Defina-o para 186 F.

Combine as ervilhas, as raspas de limão, o manjericão, o azeite, a pimenta-do-reino, a cebolinha, a salsinha, o sal e o alho em pó e coloque em um saco lacrado a vácuo. Libere o ar pelo método de deslocamento de água, sele e mergulhe a bolsa em banho-maria.

Cozinhe por 45 minutos. Assim que o cronômetro parar, retire o saco e transfira para um liquidificador e bata bem.

Purê de Batata Sálvia Assada

Preparação + tempo de cozedura: 1 hora 35 minutos | Porções: 6

Ingredientes

¼ xícara de manteiga
12 batatas doces sem casca
10 dentes de alho picados
4 colheres de chá de sal
6 colheres de sopa de azeite
5 ramos de sálvia fresca
1 colher de sopa de páprica

Endereços

Prepare um banho-maria e coloque o Sous Vide nele. Defina-o para 192 F.

Combine as batatas, alho, sal, azeite e 2-3 tomilho e coloque em um saco lacrado a vácuo. Libere o ar pelo método de deslocamento de água, sele e mergulhe a bolsa em banho-maria. Cozinhe por 1 hora e 15 minutos.

Pré-aqueça o forno a 450 F. Assim que o cronômetro parar, retire as batatas e transfira para uma tigela. Separe os sucos do cozimento.

Misture bem as batatas com a manteiga e o restante da sálvia. Transfira para uma assadeira, previamente forrada com papel alumínio. Faça um buraco no centro das batatas e despeje o caldo do cozimento. Asse as batatas por 10 minutos, virando-as 5 minutos depois. Descarte o sábio. Transfira para um prato e sirva polvilhado com páprica.

Espargos na manteiga com tomilho e queijo

Preparação + tempo de cozedura: 21 minutos | Porções: 6

Ingredientes

¼ xícara de queijo pecorino romano ralado

16 onças de aspargos frescos, aparados

4 colheres de sopa de manteiga, em cubos

Sal a gosto

1 dente de alho picado

1 colher de sopa de tomilho

Endereços

Prepare um banho-maria e coloque o Sous Vide nele. Defina-o para 186 F.

Coloque os aspargos em um saco fechado a vácuo. Adicione os cubos de manteiga, alho, sal e tomilho. Libere o ar pelo método de deslocamento de água, sele e mergulhe a bolsa em banho-maria. Cozinhe por 14 minutos.

Assim que o cronômetro parar, retire o saco e transfira os aspargos para um prato. Polvilhe com alguns sucos de cozimento. Decore com o queijo Pecorino Romano.

Pastinagas salgadas com cobertura de mel

Preparação + tempo de cozedura: 1 hora 8 minutos | Porções: 4

Ingredientes

500 g de pastinaga descascada e cortada em fatias
3 colheres de manteiga
2 colheres de mel
1 colher de chá de azeite
Sal e pimenta preta a gosto
1 colher de sopa de salsa fresca picada

Endereços

Prepare um banho-maria e coloque o Sous Vide nele. Defina-o para 186 F.

Coloque as pastinagas, a manteiga, o mel, o azeite, o sal e a pimenta em um saco fechado a vácuo. Libere o ar pelo método de deslocamento de água, sele e mergulhe a bolsa em banho-maria. Cozinhe por 1 hora.

Aqueça uma frigideira em fogo médio. Assim que o cronômetro parar, retire o saco e transfira o conteúdo para a panela e cozinhe por 2 minutos até que o líquido vire um glacê. Adicione a salsinha e misture rapidamente. Participar.

Sanduíche de Creme de Tomate com Queijo

Preparação + tempo de cozedura: 55 minutos | Porções: 8)

Ingredientes

½ xícara de requeijão cremoso

2 libras de tomates, cortados em fatias

Sal e pimenta preta a gosto

2 colheres de sopa de azeite

2 dentes de alho picados

½ colher de chá de sálvia fresca picada

⅛ colher de chá de flocos de pimenta vermelha

½ colher de chá de vinagre de vinho branco

2 colheres de manteiga

4 fatias de pão

2 fatias de queijo halloumi

Endereços

Prepare um banho-maria e coloque o Sous Vide nele. Coloque os tomates em uma peneira sobre uma tigela e tempere com sal. Mexa bem. Deixe esfriar por 30 minutos. Descarte os sucos. Combine azeite, alho, sálvia, pimenta-do-reino, sal e flocos de pimenta.

Coloque em um saco selável a vácuo. Libere o ar pelo método de deslocamento de água, sele e mergulhe a bolsa em banho-maria. Cozinhe por 40 minutos.

Assim que o cronômetro parar, retire o saco e transfira para o liquidificador. Adicione o vinagre e o cream cheese. Misture até ficar homogêneo. Transfira para um prato e tempere com sal e pimenta, se necessário.

Para fazer as barras de queijo: Aqueça uma frigideira em fogo médio. Unte as fatias de pão com manteiga e coloque-as na assadeira. Arrume as fatias de queijo sobre o pão e coloque sobre outro pão com manteiga. Toste por 1-2 minutos. Repita com o pão restante. Corte em cubos. Sirva sobre a sopa quente.

Salada de Beterraba com Cajus e Queso Fresco

Preparação + tempo de cozedura: 1 hora 35 minutos | Porções: 8)

Ingredientes

6 beterrabas grandes, descascadas e cortadas em pedaços
Sal e pimenta preta a gosto
3 colheres de sopa de maple syrup
2 colheres de manteiga
Raspas de 1 laranja grande
1 colher de sopa de azeite
½ colher de chá de pimenta caiena
1½ xícaras de castanha de caju
6 xícaras de rúcula
3 tangerinas descascadas e cortadas em pedaços
1 xícara de queijo fresco esfarelado

Endereços

Prepare um banho-maria e coloque o Sous Vide nele. Defina-o para 186 F.

Coloque os pedaços de beterraba em um saco lacrado a vácuo. Tempere com sal e pimenta. Adicione 2 colheres de sopa de xarope de bordo, manteiga e raspas de laranja. Libere o ar pelo método de deslocamento de água, sele e mergulhe a bolsa em banho-maria. Cozinhe por 1 hora e 15 minutos.

Pré-aqueça o forno a 350 F.

Misture o xarope de bordo restante, o azeite, o sal e a pimenta caiena. Adicione as castanhas de caju e mexa bem. Transfira a mistura de caju para uma assadeira, previamente forrada com cera de pimenta, e asse por 10 minutos. Reserve e deixe esfriar.

Assim que o cronômetro parar, retire as beterrabas e descarte os sucos do cozimento. Coloque a rúcula em um prato de servir, rodelas de beterraba e tangerina por toda parte. Espalhe com queijo fresco e mistura de caju para servir.

Pimentão com queijo e couve-flor

Preparação + tempo de cozedura: 52 minutos | Porções: 5

Ingredientes

½ xícara de queijo provolone ralado
1 cabeça de couve-flor, florzinhas cortadas
2 dentes de alho picados
Sal e pimenta preta a gosto
2 colheres de manteiga
1 colher de sopa de azeite
½ pimentão vermelho grande, cortado em tiras
½ pimentão amarelo grande, cortado em tiras
½ pimentão laranja grande, cortado em tiras

Endereços

Prepare um banho-maria e coloque o Sous Vide nele. Defina-o para 186 F.

Misture bem os floretes de couve-flor, 1 dente de alho, sal, pimenta, metade da manteiga e metade do azeite.

Em outra tigela, misture os pimentões, o alho restante, o sal restante, a pimenta, a manteiga restante e o azeite restante.

Coloque a couve-flor em um saco lacrado a vácuo. Coloque os pimentões em outro saco lacrado a vácuo. Libere o ar pelo método de deslocamento de água, sele e mergulhe os sacos em banho-maria. Cozinhe por 40 minutos.

Assim que o cronômetro parar, retire os saquinhos e transfira o conteúdo para uma tigela. Descarte os sucos do cozimento. Misture os legumes e cubra com o queijo provolone.

Creme de Sopa de Abóbora

Preparação + tempo de cozedura: 2 horas 20 minutos | Porções: 6

Ingredientes

¾ xícara de creme de leite

1 abobrinha, picada

1 pêra grande

½ cebola amarela, em cubos

3 ramos de tomilho fresco

1 dente de alho picado

1 colher de chá de cominho moído

Sal e pimenta preta a gosto

4 colheres de creme de leite fresco

Endereços

Prepare um banho-maria e coloque o Sous Vide nele. Defina-o para 186 F.

Combine a abóbora, pêra, cebola, tomilho, alho, cominho e sal. Coloque em um saco selável a vácuo. Libere o ar pelo método de deslocamento de água, sele e mergulhe em banho-maria. Cozinhe por 2 horas.

Assim que o cronômetro parar, retire o saco e transfira todo o conteúdo para um liquidificador. Bata até ficar homogêneo. Adicione o creme e mexa bem. Tempere com sal e pimenta. Transfira a mistura para tigelas e cubra com um pouco de creme de leite fresco. Decore com pedaços de pêra.

Sopa de batata com aipo e alho francês

Preparação + tempo de cozedura: 2 horas 15 minutos | Porções: 8)

Ingredientes

8 colheres de manteiga
4 batatas vermelhas cortadas em rodelas
1 cebola amarela, cortada em pedaços de ¼ de polegada
1 talo de aipo, cortado em pedaços de ½ polegada
4 xícaras de alho-poró em cubos de ½ polegada, apenas as partes brancas
1 xícara de caldo de legumes
1 cenoura picada
4 dentes de alho, picados
2 folhas de louro
Sal e pimenta preta a gosto
2 xícaras de creme de leite
¼ xícara de cebolinha fresca picada

Endereços

Prepare um banho-maria e coloque o Sous Vide nele. Defina-o para 186 F.

Coloque as batatas, cenouras, cebola, aipo, alho-poró, caldo de legumes, manteiga, alho e louro em um saco fechado a vácuo. Libere o ar pelo método de deslocamento de água, sele e mergulhe a bolsa em banho-maria. Cozinhe por 2 horas.

Assim que o cronômetro parar, retire o saco e transfira para o liquidificador. Descarte as folhas de louro. Misture o conteúdo e tempere com sal e pimenta. Despeje o creme lentamente e misture 2-3 minutos até ficar homogêneo. Escorra o conteúdo e decore com cebolinha para servir.

Salada de couve limão com cranberries

Preparação + tempo de cozedura: 15 minutos | Porções: 6

Ingredientes

6 xícaras de couve fresca, sem talo
6 colheres de sopa de azeite
2 dentes de alho amassados
4 colheres de sopa de suco de limão
½ colher de chá de sal
¾ xícara de cranberries secas

Endereços

Prepare um banho-maria e coloque o Sous Vide nele. Ajuste para 196 F. Combine couve com 2 colheres de sopa de azeite. Coloque-o em um saco selável a vácuo. Libere o ar pelo método de deslocamento de água, sele e mergulhe a bolsa em banho-maria. Cozinhe por 8 minutos.

Misture o azeite restante, o alho, o suco de limão e o sal. Assim que o cronômetro parar, retire as folhas de repolho e transfira para um prato de servir. Polvilhe com o molho. Decore com mirtilos.

Milho cítrico com molho de tomate

Preparação + tempo de cozedura: 55 minutos | Porções: 8)

Ingredientes

⅓ xícara de azeite

4 espigas de milho amarelo descascadas

Sal e pimenta preta a gosto

1 tomate grande, picado

3 colheres de sopa de suco de limão

2 dentes de alho picados

1 pimenta serrano, sem sementes

4 cebolinhas, apenas as partes verdes, picadas

½ maço de folhas de coentro frescas picadas

Endereços

Prepare um banho-maria e coloque o Sous Vide nele. Leve a 186 F. Bata os grãos com azeite e tempere com sal e pimenta. Coloque-os em um saco selável a vácuo. Libere o ar pelo método de deslocamento de água, sele e mergulhe a bolsa em banho-maria. Cozinhe por 45 minutos.

Enquanto isso, misture bem o tomate, o suco de limão, o alho, a pimenta serrano, a cebolinha, o coentro e o azeite restante em uma tigela. Pré-aqueça uma grelha em fogo alto.

Assim que o cronômetro parar, retire as tripas e transfira para a grelha e cozinhe por 2-3 minutos. Deixar esfriar. Corte os grãos da espiga e despeje no molho de tomate. Sirva com peixe, salada ou tortilla chips.

Gergelim Tamari Gengibre Couve de Bruxelas

Preparação + tempo de cozedura: 43 minutos | Porções: 6

Ingredientes

1 ½ libras de couve de Bruxelas, cortada ao meio

2 dentes de alho picados

2 colheres de óleo vegetal

1 colher de sopa de molho tamari

1 colher de chá de gengibre ralado

¼ colher de chá de flocos de pimenta vermelha

¼ colher de chá de óleo de gergelim torrado

1 colher de sopa de sementes de sésamo

Endereços

Prepare um banho-maria e coloque Sous Vide nele. Ajuste para 186 F. Aqueça uma panela em fogo médio e misture o alho, o óleo vegetal, o molho de tamari, o gengibre e os flocos de pimenta vermelha. Cozinhe por 4-5 minutos. Deixou de lado.

Coloque as couves-de-bruxelas em um saco fechado a vácuo e despeje a mistura de tamari. Libere o ar pelo método de deslocamento de água, sele e mergulhe a bolsa em banho-maria. Cozinhe por 30 minutos.

Assim que o cronômetro parar, retire o saco e seque com um pano de prato. Reserve os sucos do cozimento. Transfira os brotos para uma tigela e misture com o óleo de gergelim. Disponha os rebentos num prato e regue com o caldo da cozedura. Decore com sementes de gergelim.

Salada de beterraba e espinafre

Preparação + tempo de cozedura: 2 horas 25 minutos | Porções: 3

Ingredientes:

1 ¼ xícara de beterraba, aparada e cortada em pedaços pequenos
1 xícara de espinafre fresco picado
2 colheres de sopa de azeite
1 colher de sopa de suco de limão espremido na hora
1 colher de chá de vinagre balsâmico
2 dentes de alho amassados
1 colher de sopa de manteiga
Sal e pimenta preta a gosto

Endereços:

Enxágue bem e limpe as beterrabas. Corte em pedaços pequenos e coloque em um saco com zíper junto com a manteiga e o alho amassado. Cozinhe em Sous Vide por 2 horas a 185 F. Deixe esfriar.

Leve uma panela grande com água para ferver e coloque o espinafre nela. Cozinhe por um minuto e depois retire do fogo. Seque bem. Transfira para um saco lacrado a vácuo e cozinhe em Sous Vide por 10 minutos a 180 F. Retire do banho-maria e deixe esfriar completamente. Coloque em uma tigela grande e adicione as beterrabas cozidas. Tempere com sal, pimenta, vinagre, azeite e sumo de limão. Sirva imediatamente.

Alho Verde com Hortelã

Preparação + tempo de cozedura: 30 minutos | Porções: 2

Ingredientes:

½ xícara de radicchio fresco, picado

½ xícara de aspargos selvagens picados finamente

½ xícara de acelga, picada

¼ xícara de hortelã fresca picada

¼ xícara de rúcula, picada

2 dentes de alho picados

½ colher de chá de sal

4 colheres de sopa de suco de limão espremido na hora

2 colheres de sopa de azeite

Endereços:

Encha uma panela grande com água salgada e adicione os legumes. Cozinhe por 3 minutos. Retire e escorra. Pressione delicadamente com as mãos e com uma faca afiada pique os legumes. Transfira para um saco grande que possa ser fechado a vácuo e cozinhe em Sous Vide por 10 minutos a 162 F. Retire do banho-maria e reserve.

Aqueça o azeite em fogo médio em uma frigideira grande. Adicione o alho e frite por 1 minuto. Junte os legumes e tempere com sal. Polvilhe com suco de limão fresco e sirva.

Couve de Bruxelas em vinho branco

Preparação + tempo de cozedura: 35 minutos | Porções: 4

Ingredientes:

1 libra de couve de Bruxelas, picada
½ xícara de azeite extra virgem
½ xícara de vinho branco
Sal e pimenta preta a gosto
2 colheres de sopa de salsa fresca, finamente picada
2 dentes de alho amassados

Endereços:

Coloque as couves de Bruxelas em um saco grande a vácuo com três colheres de sopa de azeite. Cozinhe em Sous Vide por 15 minutos a 180 F. Retire do saco.

Em uma frigideira antiaderente grande, aqueça o azeite restante. Adicione as couves de Bruxelas, alho esmagado, sal e pimenta. Grelhe brevemente, sacudindo a panela algumas vezes até que esteja levemente carbonizado por todos os lados. Adicione o vinho e deixe ferver. Mexa bem e retire do fogo. Cubra com salsa picada e sirva.

Salada de beterraba e queijo de cabra

Preparação + tempo de cozedura: 2 horas 20 minutos | Porções: 3

Ingredientes:

1 libra de beterraba, cortada em rodelas
½ xícara de amêndoas peladas
2 colheres de sopa de avelãs sem pele
2 colheres de chá de azeite
1 dente de alho bem picado
1 colher de chá de cominho em pó
1 colher de chá de raspas de limão
Sal a gosto
½ xícara de queijo de cabra esfarelado
Folhas de hortelã fresca para decorar

Curativo:
2 colheres de sopa de azeite
1 colher de sopa de vinagre de maçã

Endereços:

Faça um banho de água, coloque o sous vide nele e ajuste para 183 F.

Coloque as beterrabas em um saco lacrado a vácuo. Libere o ar pelo método de deslocamento de água, feche e mergulhe o saco em banho-maria e ajuste o cronômetro para 2 horas. Assim que o cronômetro parar, remova e abra a bolsa. Reserve a beterraba.

Leve uma frigideira ao lume médio, junte as amêndoas e as avelãs e toste durante 3 minutos. Transfira para uma tábua e pique. Adicione o óleo na mesma panela, coloque o alho e o cominho. Cozinhe por 30 segundos. Apaga o fogo. Em uma tigela, adicione o queijo de cabra, a mistura de amêndoas, as raspas de limão e a mistura de alho. Misturar. Bata o azeite e o vinagre e reserve. Sirva como guarnição.

Sopa de couve-flor e brócolis

Preparação + tempo de cozedura: 70 minutos | Porções: 2

Ingredientes:

1 couve-flor média, cortada em floretes pequenos
½ libra de brócolis, cortado em pequenas florzinhas
1 pimentão verde picado
1 cebola cortada em cubos
1 colher de chá de azeite
1 dente de alho amassado
½ xícara de caldo de legumes
½ xícara de leite desnatado

Endereços:

Faça um banho de água, coloque o Sous Vide nele e ajuste para 185 F.

Coloque a couve-flor, brócolis, pimentão e cebola branca em um saco lacrado a vácuo e despeje o azeite nele. Solte o ar usando o método de deslocamento de água e feche o saco. Mergulhe o saco no banho-maria. Ajuste o timer para 50 minutos e cozinhe.

Assim que o cronômetro parar, remova a bolsa e abra. Transfira os legumes para um liquidificador, adicione o alho e o leite e bata até ficar homogêneo.

Leve uma frigideira ao lume médio, junte o puré de legumes e o caldo de legumes e deixe cozinhar durante 3 minutos. Tempere com sal e pimenta. Sirva quente como guarnição.

Ervilhas na Manteiga com Hortelã

Preparação + tempo de cozedura: 25 minutos | Porções: 2

Ingredientes:

1 colher de sopa de manteiga

½ xícara de ervilha

1 colher de sopa de folhas de hortelã picadas

Uma pitada de sal

Açúcar a gosto

Endereços:

Faça um banho de água, coloque Sous Vide nele e ajuste para 183 F. Coloque todos os ingredientes em um saco lacrado a vácuo. Libere o ar pelo método de deslocamento de água, sele e mergulhe no banho. Cozinhe por 15 minutos.

Assim que o cronômetro parar, remova e abra a bolsa. Transfira os ingredientes para um prato de servir. Serve como tempero.

Couve de Bruxelas em calda doce

Preparação + tempo de cozedura: 75 minutos | Porções: 3

Ingredientes:

4 libras de couve de Bruxelas, cortadas ao meio

3 colheres de sopa de azeite

¾ xícara de molho de peixe

3 colheres de sopa de água

2 colheres de açúcar

1 ½ colher de sopa de vinagre de arroz

2 colheres de chá de suco de limão

3 pimentões vermelhos, cortados em fatias finas

2 dentes de alho picados

Endereços:

Faça um banho de água, coloque Sous Vide nele e ajuste para 183 F. Despeje as couves de Bruxelas, sal e óleo em um saco lacrado a vácuo, solte o ar pelo método de deslocamento de água, feche e mergulhe o saco na água banho. Defina o temporizador para 50 minutos.

Assim que o cronômetro parar, retire o saco, abra o lacre e transfira as couves de Bruxelas para uma assadeira forrada com papel alumínio. Pré-aqueça um frango em fogo alto, coloque a assadeira sobre ele e grelhe por 6 minutos. Despeje as couves de Bruxelas em uma tigela.

Faça o molho: Em uma tigela, adicione o restante dos ingredientes do cozimento listados e mexa. Adicione o molho às couves de Bruxelas e misture bem. Sirva como guarnição.

Rabanete com queijo de ervas

Preparação + tempo de cozedura: 1 hora 15 minutos | Porções: 3

Ingredientes:

250 gr de queijo de cabra

4 onças de queijo creme

¼ xícara de pimentão vermelho, picado

3 colheres de pesto

3 colheres de chá de suco de limão

2 colheres de salsa

2 dentes de alho

9 rabanetes grandes fatiados.

Endereços:

Faça um banho de água, coloque Sous Vide nele e ajuste para 181 F. Coloque as fatias de rabanete em um saco lacrado a vácuo, solte o ar e feche. Mergulhe o saco no banho-maria e ajuste o timer para 1 hora.

Em uma tigela, misture os demais ingredientes da lista e despeje a mistura em um saco de confeitar. Deixou de lado. Assim que o cronômetro parar, remova a bolsa e abra. Arrume as fatias de rabanete em uma travessa e coloque a mistura de queijo em cada fatia. Sirva como petisco.

Couve Refogada Balsâmica

Preparação + tempo de cozedura: 1 hora 45 minutos | Porções: 3

Ingredientes:

1 libra de repolho roxo, esquartejado e sem caroço
1 chalota, cortada em fatias finas
2 dentes de alho, em fatias finas
½ colher de sopa de vinagre balsâmico
½ colher de sopa de manteiga sem sal
Sal a gosto

Endereços:

Faça um banho de água, coloque Sous Vide nele e ajuste para 185 F. Divida o repolho e os ingredientes restantes em 2 sacos seláveis a vácuo. Libere o ar pelo método de deslocamento de água e sele os sacos. Mergulhe-os no banho-maria e ajuste o timer para cozinhar por 1 hora e 30 minutos.

Assim que o cronômetro parar, remova e abra os sacos. Transfira o repolho com os sucos para os pratos de servir. Tempere com sal e vinagre a gosto. Sirva como guarnição.

tomates escalfados

Preparação + tempo de cozedura: 45 minutos | Porções: 3

Ingredientes:

4 xícaras de tomate cereja
5 colheres de sopa de azeite
½ colher de sopa de folhas frescas de alecrim picadas
½ colher de sopa de folhas de tomilho fresco, picadas
Sal e pimenta preta a gosto

Endereços:

Faça um banho de água, coloque Sous Vide nele e ajuste para 131 F. Divida os ingredientes listados em 2 sacos fechados a vácuo, tempere com sal e pimenta. Libere o ar pelo método de deslocamento de água e sele os sacos. Mergulhe-os no banho-maria e ajuste o timer para cozinhar por 30 minutos.

Assim que o cronômetro parar, remova os sacos e abra. Transfira os tomates com os sucos para uma tigela. Sirva como guarnição.

Ratatouille

Preparação + tempo de cozedura: 2 horas 10 minutos | Porções: 3

Ingredientes:

2 abobrinhas fatiadas

2 tomates picados

2 pimentões vermelhos, sem sementes e cortados em cubos de 2 polegadas

1 berinjela pequena, fatiada

1 cebola, cortada em cubos de 1 polegada

Sal a gosto

½ flocos de pimenta vermelha

8 dentes de alho, esmagados

2 ½ colheres de sopa de azeite

5 ramos + 2 ramos Folhas de manjericão

Endereços:

Faça um banho-maria, coloque o Sous Vide nele e ajuste para 185 F. Coloque os tomates, abobrinha, cebola, pimentão e berinjela, cada um em 5 sacos separados que podem ser fechados a vácuo. Coloque alho, folhas de manjericão e 1 colher de sopa de azeite em cada saquinho. Solte o ar pelo método de deslocamento de água, feche e mergulhe os sacos em banho-maria e ajuste o cronômetro para 20 minutos.

Assim que o cronômetro parar, retire o saco com os tomates. Deixou de lado. Redefina o cronômetro para 30 minutos. Assim que o cronômetro parar, retire os saquinhos com a abobrinha e o pimentão vermelho. Deixou de lado. Redefina o cronômetro para 1 hora.

Quando o cronômetro parar, remova os sacos restantes e descarte o alho e as folhas de manjericão. Em uma tigela, adicione os tomates e use uma colher para amassá-los levemente. Pique os legumes restantes e adicione-os aos tomates. Tempere com sal, flocos de pimenta vermelha, azeite restante e manjericão. Sirva como guarnição.

Sopa de tomate

Preparação + tempo de cozedura: 60 minutos | Porções: 3

Ingredientes:

2 quilos de tomates, cortados ao meio
1 cebola cortada em cubos
1 talo de aipo picado
3 colheres de sopa de azeite
1 colher de sopa de extrato de tomate
uma pitada de açúcar
1 folha de louro

Endereços:

Faça um banho-maria, coloque o Sous Vide nele e ajuste para 185 F. Coloque todos os ingredientes listados, exceto o sal, em uma tigela e misture. Coloque-os em um saco lacrado a vácuo. Libere o ar pelo método de deslocamento de água, sele e mergulhe a bolsa em banho-maria. Defina o temporizador para 40 minutos.

Assim que o cronômetro parar, remova a bolsa e abra. Bata os ingredientes com um liquidificador. Despeje o tomate liquefeito em uma panela e deixe em fogo médio. Tempere com sal e cozinhe por 10 minutos. Sirva a sopa em tigelas e deixe esfriar. Sirva quente com um lado de pão baixo carboidrato.

beterraba cozida

Preparação + tempo de cozedura: 1 hora 15 minutos | Porções: 3

Ingredientes:

2 beterrabas, descascadas e cortadas em centímetros de 1 cm
⅓ xícara de vinagre balsâmico
½ colher de chá de azeite
⅓ xícara de nozes torradas
⅓ xícara de queijo Grana Padano ralado
Sal e pimenta preta a gosto

Endereços:

Faça um banho de água, coloque Sous Vide nele e ajuste para 183 F. Coloque beterraba, vinagre e sal em um saco lacrado a vácuo. Libere o ar pelo método de deslocamento de água, sele e mergulhe a bolsa em banho-maria. Defina o temporizador para 1 hora.

Assim que o cronômetro parar, remova e abra a bolsa. Transfira as beterrabas para uma tigela, adicione o azeite e misture. Polvilhe nozes e queijo por cima. Sirva como guarnição.

lasanha de berinjela

Preparação + tempo de cozedura: 3 horas | Porções: 3

Ingredientes:

1 libra de berinjela, descascada e cortada em fatias finas
1 colher de chá de sal
1 xícara de molho de tomate, dividido em 3
2 onças de mussarela fresca, em fatias finas
1 onça queijo parmesão ralado
2 onças de queijo italiano, ralado
3 colheres de sopa de manjericão fresco picado

Adição:
½ colher (sopa) de nozes de macadâmia torradas e picadas
1 onça queijo parmesão ralado
1 onça de queijo italiano, ralado

Endereços:

Faça um banho de água, coloque Sous Vide nele e coloque a 183 F. Tempere as berinjelas com sal. Coloque um saco lacrado a vácuo de lado, coloque metade da berinjela, espalhe com um montão de molho de tomate, cubra com mussarela, parmesão, mistura de queijo e manjericão. Cubra com a segunda porção de molho de tomate.

Feche o saco cuidadosamente usando o método de deslocamento de água, mantendo-o o mais plano possível. Mergulhe o saco no banho-maria. Defina o temporizador para 2 horas e cozinhe. Solte o ar 2-3 vezes durante os primeiros 30 minutos, pois a berinjela libera gás enquanto cozinha.

Quando o cronômetro parar, remova cuidadosamente o saco e pique um canto do saco com um alfinete para liberar o líquido do saco. Coloque o saco em um prato de servir, corte a parte superior e deslize delicadamente a lasanha no prato. Cubra com o molho de tomate restante, nozes de macadâmia, mistura de queijo e queijo parmesão. Derreta e doure o queijo com a ajuda de um maçarico.

Sopa de champignon

Preparação + tempo de cozedura: 50 minutos | Porções: 3

Ingredientes:

1 libra de cogumelos mistos
2 cebolas em cubos
3 dentes de alho
2 ramos de folhas de salsa picadas
2 colheres de sopa de tomilho em pó
2 colheres de sopa de azeite
2 xícaras de creme
2 xícaras de caldo de legumes

Endereços:

Faça um banho de água, coloque o Sous Vide nele e ajuste para 185 F. Coloque os cogumelos, a cebola e o aipo em um saco lacrado a vácuo. Libere o ar pelo método de deslocamento de água, sele e mergulhe a bolsa em banho-maria. Defina o temporizador para 30 minutos. Assim que o cronômetro parar, remova e abra a bolsa.

Bata os ingredientes do saco no liquidificador. Coloque uma frigideira em fogo médio, adicione o azeite. Assim que começar a aquecer, junte o puré de cogumelos e os restantes ingredientes menos as natas. Cozinhe por 10 minutos. Desligue o fogo e acrescente o creme de leite. Mexa bem e sirva.

Risoto Vegetariano com Parmesão

Preparação + tempo de cozedura: 65 minutos | Porções: 5

Ingredientes:

2 xícaras de arroz arbóreo
½ xícara de arroz branco comum
1 xícara de caldo de legumes
1 xícara de água
6-8 onças de queijo parmesão ralado
1 cebola picada
1 colher de sopa de manteiga
Sal e pimenta preta a gosto

Endereços:

Prepare um banho-maria e coloque Sous Vide nele. Defina para 185 F. Derreta a manteiga em uma panela em fogo médio. Adicione a cebola, o arroz e os temperos e cozinhe por alguns minutos. Transfira para um saco selável a vácuo. Libere o ar pelo método de deslocamento de água, sele e mergulhe a bolsa em banho-maria. Defina o temporizador para 50 minutos. Assim que o cronômetro parar, retire o saco e acrescente o queijo parmesão.

sopa verde

Preparação + tempo de cozedura: 55 minutos | Porções: 3

Ingredientes:

4 xícaras de caldo de legumes
1 colher de sopa de azeite
1 dente de alho amassado
gengibre de 1 polegada, fatiado
1 colher de chá de coentro em pó
1 abobrinha grande, em cubos
3 xícaras de couve
2 xícaras de brócolis cortados em floretes
1 lima, espremida e ralada

Endereços:

Faça um banho-maria, coloque o Sous Vide nele e ajuste para 185 F. Coloque o brócolis, a abobrinha, a couve e a salsa em um saco lacrado a vácuo. Libere o ar pelo método de deslocamento de água, sele e mergulhe a bolsa em banho-maria. Defina o temporizador para 30 minutos.

Assim que o cronômetro parar, remova e abra a bolsa. Adicione os ingredientes cozidos no vapor a um liquidificador com alho e gengibre. Purê para alisar. Despeje o purê verde em uma panela e adicione os ingredientes restantes da lista. Leve a panela ao fogo médio e cozinhe por 10 minutos. Sirva como um prato leve.

Sopa Mista de Legumes

Preparação + tempo de cozedura: 55 minutos | Porções: 3

Ingredientes:

1 cebola doce, fatiada

1 colher de chá de alho em pó

2 xícaras de abobrinha cortada em cubos pequenos

3 onças de casca de parmesão

2 xícaras de espinafre baby

2 colheres de sopa de azeite

1 colher de chá de flocos de pimenta vermelha

2 xícaras de caldo de legumes

1 raminho de alecrim

Sal a gosto

Endereços:

Faça um banho-maria, coloque o Sous Vide nele e leve a 185 F. Misture todos os ingredientes com azeite, exceto alho e sal, e coloque em um saco lacrado a vácuo. Libere o ar pelo método de deslocamento de água, sele e mergulhe a bolsa em banho-maria. Defina o temporizador para 30 minutos.

Assim que o cronômetro parar, remova e abra a bolsa. Descarte o alecrim. Despeje os ingredientes restantes em uma panela e adicione sal e alho em pó. Leve a panela ao fogo médio e cozinhe por 10 minutos. Sirva como um prato leve.

wontons de legumes com páprica defumada

Preparação + tempo de cozedura: 5 horas 15 minutos | Porções: 9)

Ingredientes:

10 onças wonton wraps
10 onças de sua escolha de vegetais, picados
2 ovos
1 colher de chá de azeite
½ colher de chá de pimenta em pó
½ colher de chá de páprica defumada
½ colher de chá de alho em pó
Sal e pimenta preta a gosto

Endereços:

Prepare um banho-maria e coloque o Sous Vide nele. Defina-o para 165 F.

Bata os ovos juntamente com as especiarias. Adicione legumes e óleo. Despeje a mistura em um saco lacrado a vácuo, solte o ar pelo método de deslocamento de água, feche e mergulhe o saco em banho-maria. Defina o temporizador para 5 horas.

Quando o cronômetro parar, remova o saco e transfira-o para uma tigela. Divida a mistura entre os raviólis, enrole e aperte as bordas para selar. Cozinhe em água fervente por 4 minutos em fogo médio.

Prato de missô de quinoa e aipo

Preparação + tempo de cozedura: 2 horas 25 minutos | Porções: 6

Ingredientes

1 aipo, picado
1 colher de sopa de pasta de missô
6 dentes de alho
5 ramos de tomilho
1 colher de chá de cebola em pó
3 colheres de sopa de ricota
1 colher de sopa de sementes de mostarda
Suco de ¼ de limão grande
5 tomates cereja cortados grosseiramente
Salsa picada
8 onças de manteiga vegana
8 onças de quinoa cozida

Endereços

Prepare um banho-maria e coloque o Sous Vide nele. Defina-o para 186 F.

Enquanto isso, aqueça uma frigideira em fogo médio e adicione o alho, o tomilho e as sementes de mostarda. Cozinhe por cerca de 2 minutos. Adicione a manteiga e mexa até dourar. Misture com a cebola em pó e reserve. Deixe esfriar em temperatura ambiente. Coloque o aipo em um saco lacrado a vácuo. Libere o ar pelo método de deslocamento de água, sele e mergulhe a bolsa em banho-maria. Cozinhe por 2 horas.

Assim que o cronômetro parar, retire o saco e transfira para uma frigideira e mexa até dourar. Tempere com missô. Deixou de lado. Aqueça uma frigideira em fogo médio, acrescente os tomates, a mostarda e a quinoa. Combine com suco de limão e salsa. Sirva misturando a mistura de aipo e tomate.

Salada de Rabanete e Manjericão

Preparação + tempo de cozedura: 50 minutos | Porções: 2

Ingredientes:

20 rabanetes pequenos, aparados
1 colher de sopa de vinagre de vinho branco
¼ xícara de manjericão picado
½ xícara de queijo feta
1 colher de chá de açúcar
1 colher de sopa de água
¼ colher de chá de sal

Endereços:

Prepare um banho-maria e coloque o Sous Vide nele. Traga a 200 F. Coloque os rabanetes em um grande saco lacrado a vácuo e adicione vinagre, açúcar, sal e água. Agite para combinar. Libere o ar pelo método de deslocamento de água, sele e mergulhe em banho-maria. Cozinhe por 30 minutos. Assim que o cronômetro parar, retire o saco e deixe esfriar em banho de gelo. Servir quente. Sirva misturado com manjericão e queijo feta.

mistura de pimentão

Preparação + tempo de cozedura: 35 minutos | Porções: 2

Ingredientes:

1 pimentão vermelho picado
1 pimentão amarelo picado
1 pimentão verde picado
1 pimentão laranja grande picado
Sal a gosto

Endereços:

Faça um banho de água, coloque Sous Vide nele e ajuste para 183 F. Coloque todas as pimentas com sal em um saco lacrado a vácuo. Libere o ar pelo método de deslocamento de água, sele e mergulhe em banho-maria. Defina o temporizador para 15 minutos. Assim que o cronômetro parar, remova e abra a bolsa. Sirva os pimentões com seus sucos como guarnição.

Coentro Açafrão Quinoa

Preparação + tempo de cozedura: 105 minutos | Porções: 6

Ingredientes:

3 xícaras de quinua

2 xícaras de creme de leite

½ xícara de água

3 colheres de sopa de folhas de coentro

2 colheres de chá de açafrão em pó

1 colher de sopa de manteiga

½ colher de sopa de sal

Endereços:

Prepare um banho-maria e coloque o Sous Vide nele. Defina-o para 180 F.

Coloque todos os ingredientes em um saco selável a vácuo. Mexa para combinar bem. Libere o ar pelo método de deslocamento de água, sele e mergulhe a bolsa em banho-maria. Defina o temporizador para 90 minutos. Assim que o cronômetro parar, remova o saco. Servir quente.

Feijão branco com orégano

Preparação + tempo de cozedura: 5 horas 15 minutos | Porções: 8

Ingredientes:

12 onças de feijão marinho
1 xícara de extrato de tomate
8 onças de caldo de legumes
1 colher de açúcar
3 colheres de manteiga
1 xícara de cebola picada
1 pimentão picado
1 colher de orégano
2 colheres de chá de páprica

Endereços:

Prepare um banho-maria e coloque o Sous Vide nele. Defina-o para 185 F.

Combine todos os ingredientes em um saco de vedação a vácuo. Mexa para combinar. Libere o ar pelo método de deslocamento de água, sele e mergulhe a bolsa em banho-maria. Defina o temporizador para 5 horas. Assim que o cronômetro parar, remova o saco. Servir quente.

Salada de Batata e Tâmaras

Preparação + tempo de cozedura: 3 horas 15 minutos | Porções: 6

Ingredientes:

2 libras de batatas, em cubos

5 onças datas picadas

½ xícara de queijo de cabra esfarelado

1 colher de chá de orégano

1 colher de sopa de azeite

1 colher de sopa de suco de limão

3 colheres de manteiga

1 colher de chá de coentro

1 colher de chá de sal

1 colher de salsa picada

¼ colher de chá de alho em pó

Endereços:

Prepare um banho-maria e coloque o Sous Vide nele. Defina-o para 190 F.

Coloque as batatas, manteiga, tâmaras, orégano, coentro e sal em um saco fechado a vácuo. Libere o ar pelo método de deslocamento de água, sele e mergulhe a bolsa em banho-maria. Defina o temporizador para 3 horas.

Quando o cronômetro parar, remova o saco e transfira-o para uma tigela. Misture o azeite, o suco de limão, a salsa e o alho em pó e regue a salada. Se usar queijo, polvilhe.

sêmola de páprica

Tempo de preparação + cozedura: 3 horas 10 minutos | Porções: 4

Ingredientes:

10 onças semolina
4 colheres de sopa de manteiga
1 ½ colher de chá de páprica
10 onças de água
½ colher de chá de sal de alho

Endereços:

Prepare um banho-maria e coloque o Sous Vide nele. Defina-o para 180 F.

Coloque todos os ingredientes em um saco selável a vácuo. Mexa com uma colher para misturar bem. Libere o ar pelo método de deslocamento de água, sele e mergulhe a bolsa em banho-maria. Defina o temporizador para 3 horas. Assim que o cronômetro parar, remova o saco. Divida entre 4 tigelas de servir.

Mistura de Legumes de Uva

Tempo de preparação + cozedura 105 minutos | Porções: 9)

Ingredientes:

8 batatas doces cortadas em rodelas

2 cebolas roxas, fatiadas

4 onças de tomate, purê

1 colher de chá de alho picado

Sal e pimenta preta a gosto

1 colher de chá de suco de uva

Endereços:

Prepare um banho-maria e coloque Sous Vide nele. Defina para 183 F. Coloque todos os ingredientes com ¼ xícara de água em um saco selável a vácuo. Libere o ar pelo método de deslocamento de água, sele e mergulhe a bolsa em banho-maria. Defina o temporizador para 90 minutos. Assim que o cronômetro parar, remova o saco. Servir quente.

Tigela de grão-de-bico e cogumelos com menta

Preparação + tempo de cozedura: 4 horas 15 minutos | Porções: 8

Ingredientes:

9 onças de cogumelos
3 xícaras de caldo de legumes
1 libra de grão de bico, embebido durante a noite e escorrido
1 colher de chá de manteiga
1 colher de chá de páprica
1 colher de sopa de mostarda
2 colheres de sopa de suco de tomate
1 colher de chá de sal
¼ xícara de hortelã picada
1 colher de sopa de azeite

Endereços:

Prepare um banho-maria e coloque o Sous Vide nele. Traga a 195 F. Coloque o caldo e o grão de bico em um saco lacrado a vácuo. Libere o ar pelo método de deslocamento de água, sele e mergulhe a bolsa em banho-maria. Defina o temporizador para 4 horas.

Assim que o cronômetro parar, remova o saco. Aqueça o óleo em uma frigideira em fogo médio. Adicione os cogumelos, o suco de tomate, a páprica, o sal e a mostarda. Cozinhe por 4 minutos. Escorra o grão-de-bico e adicione-o à panela. Cozinhe por mais 4 minutos. Adicione a manteiga e a hortelã.

caponata de legumes

Preparação + tempo de cozedura: 2 horas 15 minutos | Porções: 4

Ingredientes:

4 tomates em conserva, esmagados
2 pimentões, fatiados
2 abobrinhas fatiadas
½ cebola, fatiada
2 berinjelas fatiadas
6 dentes de alho, picados
2 colheres de sopa de azeite
6 folhas de manjericão
Sal e pimenta preta a gosto

Endereços:

Prepare um banho-maria e coloque o Sous Vide nele. Traga a 185 F. Combine todos os ingredientes em um saco lacrado a vácuo. Libere o ar pelo método de deslocamento de água, sele e mergulhe a bolsa em banho-maria. Defina o temporizador para 2 horas. Assim que o cronômetro parar, transfira para uma travessa.

Acelga refogada com limão

Preparação + tempo de cozedura: 25 minutos | Porções: 2

2 libras de acelga suíça
4 colheres de sopa de azeite extra virgem
2 dentes de alho amassados
1 lima inteira, espremida
2 colheres de chá de sal marinho

Endereços:

Lave bem a acelga e escorra em uma peneira. Usando uma faca de cozinha afiada, pique e transfira para uma tigela grande. Adicione 4 colheres de sopa de azeite, alho esmagado, suco de limão e sal marinho. Transfira para um saco grande que possa ser fechado a vácuo e feche. Cozinhe em sous vide por 10 minutos a 180 F.

purê de vegetais de raiz

Preparação + tempo de cozedura: 3 horas 15 minutos | Porções: 4

Ingredientes:

2 pastinagas, descascadas e picadas
1 nabo descascado e picado
1 batata doce grande, descascada e picada
1 colher de sopa de manteiga
Sal e pimenta preta a gosto
Pitada de noz-moscada
¼ colher de chá de tomilho

Endereços:

Prepare um banho-maria e coloque Sous Vide nele. Defina para 185 F. Coloque os vegetais em um saco selável a vácuo. Libere o ar pelo método de deslocamento de água, sele e mergulhe em banho-maria. Cozinhe por 3 horas. Feito isso, retire o saco e amasse os legumes com um espremedor de batatas. Misture com os ingredientes restantes.

Couve e pimenta em molho de tomate

Preparação + tempo de cozedura: 4 horas 45 minutos | Porções: 6

Ingredientes:

2 libras de repolho, fatiado

1 xícara de pimentão fatiado

1 xícara de extrato de tomate

2 cebolas fatiadas

1 colher de açúcar

Sal e pimenta preta a gosto

1 colher de sopa de coentro

1 colher de sopa de azeite

Endereços:

Prepare um banho-maria e coloque o Sous Vide nele. Defina para 184F.

Coloque o repolho e a cebola em um saco fechado a vácuo e tempere com especiarias. Adicione o extrato de tomate e mexa para combinar bem. Libere o ar pelo método de deslocamento de água, sele e mergulhe a bolsa em banho-maria. Defina o temporizador para 4 horas e 30 minutos. Assim que o cronômetro parar, remova o saco.

Prato de Lentilhas e Tomate com Mostarda

Preparação + tempo de cozedura: 105 minutos | Porções: 8

Ingredientes:

2 xícaras de lentilhas
1 lata de tomate em cubos, não escorrido
1 xícara de ervilha verde
3 xícaras de caldo de legumes
3 xícaras de água
1 cebola picada
1 cenoura fatiada
1 colher de sopa de manteiga
2 colheres de mostarda
1 colher de chá de flocos de pimenta vermelha
2 colheres de sopa de suco de limão
Sal e pimenta preta a gosto

Endereços:

Prepare um banho-maria e coloque Sous Vide nele. Traga para 192 F. Coloque todos os ingredientes em um grande saco lacrado a vácuo. Libere o ar pelo método de deslocamento de água, sele e mergulhe no banho. Cozinhe por 90 minutos. Assim que o cronômetro parar, retire o saco e transfira para uma tigela grande e mexa antes de servir.

Arroz pilaf com pimentos e passas

Tempo de preparação + cozedura: 3 horas 10 minutos | Porções: 6

Ingredientes:

2 xícaras de arroz branco
2 xícaras de caldo de legumes
⅔ xícara de água
3 colheres de passas, picadas
2 colheres de creme de leite
½ xícara de cebola roxa picada
1 pimentão picado
Sal e pimenta preta a gosto
1 colher de chá de tomilho

Endereços:

Prepare um banho-maria e coloque o Sous Vide nele. Defina-o para 180 F.

Coloque todos os ingredientes em um saco selável a vácuo. Mexa para combinar bem. Libere o ar pelo método de deslocamento de água, sele e mergulhe a bolsa em banho-maria. Defina o temporizador para 3 horas. Assim que o cronômetro parar, remova o saco. Servir quente.

sopa de iogurte

Preparação + tempo de cozedura: 2 horas 20 minutos | Porções: 4

Ingredientes

1 colher de sopa de azeite
1½ colher de chá de sementes de cominho
1 cebola média, em cubos
1 alho-poró cortado ao meio e em fatias finas
Sal a gosto
2 quilos de cenoura picada
1 folha de louro
3 xícaras de caldo de legumes
½ xícara de iogurte de leite integral
vinagre de maça
folhas frescas de endro

Endereços

Prepare um banho-maria e coloque o Sous Vide nele. Defina para 186 F. Aqueça o azeite em uma frigideira grande em fogo médio e adicione as sementes de cominho. Teste-os por 1 minuto. Adicione a cebola, sal e alho-poró, refogue por 5-7 minutos ou até ficar macio. Combine a cebola, louro, cenoura e 1/2 colher de sopa de sal em uma tigela grande.

Dispense a mistura em um saco selável a vácuo. Libere o ar pelo método de deslocamento de água, sele e mergulhe a bolsa em banho-maria. Cozinhe por 2 horas.

Assim que o cronômetro parar, retire o saco e despeje em uma tigela. Adicione o caldo de legumes e misture. Adicione o iogurte. Tempere a sopa com um pouco de sal e vinagre e sirva decorada com folhas de endro.

abobrinha amanteigada

Preparação + tempo de cozedura: 1 hora 35 minutos | Porções: 4

Ingredientes

2 colheres de manteiga

¾ xícara de cebola picada

1 ½ libras de abobrinha, fatiada

Sal e pimenta preta a gosto

½ xícara de leite integral

2 ovos inteiros grandes

½ xícara de batata chips esfarelada

Endereços

Prepare um banho-maria e coloque o Sous Vide nele. Definido em 175F

Enquanto isso, unte alguns frascos. Aqueça uma frigideira grande em fogo médio e derreta a manteiga. Adicione a cebola e refogue por 7 minutos. Adicione a abóbora, tempere com sal e pimenta e frite por 10 minutos. Divida a mistura nos potes. Deixe esfriar e reserve.

Bata o leite, o sal e os ovos em uma tigela. Tempere com pimenta. Despeje a mistura sobre os potes, feche e mergulhe os potes no banho-maria. Cozinhe por 60 minutos. Assim que o cronômetro parar, retire os potes e deixe esfriar por 5 minutos. Sirva sobre batatas fritas.

Chutney de caril, gengibre e nectarina

Preparação + tempo de cozedura: 60 minutos | Porções: 3

Ingredientes

½ xícara de açúcar granulado

½ xícara de água

¼ xícara de vinagre de vinho branco

1 dente de alho picado

¼ xícara de cebola branca bem picada

Sumo de 1 lima

2 colheres de chá de gengibre fresco ralado

2 colheres de chá de caril em pó

Uma pitada de flocos de pimenta vermelha

Sal e pimenta preta a gosto

pimenta em flocos a gosto

4 pedaços grandes de nectarina, cortados em fatias

¼ xícara de manjericão fresco picado

Endereços

Prepare um banho-maria e coloque o Sous Vide nele. Defina para 168F.

Aqueça uma panela em fogo médio e misture a água, o açúcar, o vinagre de vinho branco e o alho. Mexa até o açúcar amolecer. Adicione o suco de limão, a cebola, o curry em pó, o gengibre e os flocos de pimenta vermelha. Tempere com sal e pimenta preta. Mexa bem. Coloque a mistura em um saco selável a vácuo. Libere o ar pelo método de deslocamento de água, sele e mergulhe a bolsa em banho-maria. Cozinhe por 40 minutos.

Assim que o cronômetro parar, remova o saco e coloque-o em um banho de gelo. Transfira os alimentos para um prato de servir. Decore com manjericão.

Batatas cristalizadas com alecrim russet

Preparação + tempo de cozedura: 1 hora 15 minutos | Porções: 4

Ingredientes

1 libra de batatas marrons avermelhadas, picadas
Sal a gosto
¼ colher de chá de pimenta branca moída
1 colher de chá de alecrim fresco picado
2 colheres de sopa de manteiga integral
1 colher de sopa de óleo de milho

Endereços

Prepare um banho-maria e coloque Sous Vide nele. Ajuste para 192 F. Tempere as batatas com alecrim, sal e pimenta. Junte as batatas com a manteiga e o azeite. Coloque em um saco selável a vácuo. Libere o ar pelo método de deslocamento de água, sele e mergulhe a bolsa em banho-maria. Cozinhe por 60 minutos. Assim que o cronômetro parar, remova o saco e transfira-o para uma tigela grande. Decore com manteiga e sirva.

Peras ao curry e creme de coco

Preparação + tempo de cozedura: 1 hora 10 minutos | Porções: 4

Ingredientes

2 peras, sem caroço, descascadas e cortadas
1 colher de sopa de caril em pó
2 colheres de creme de coco

Endereços

Prepare um banho-maria e coloque o Sous Vide nele. Defina-o para 186 F.

Combine todos os ingredientes e coloque em um saco lacrado a vácuo. Libere o ar pelo método de deslocamento de água, sele e mergulhe a bolsa em banho-maria. Cozinhe por 60 minutos. Assim que o cronômetro parar, remova o saco e transfira-o para uma tigela grande. Divida em pratos de servir e sirva.

Purê de Brócolis Suave

Preparação + tempo de cozedura: 2 horas 15 minutos | Porções: 4

Ingredientes

1 cabeça de brócolis cortada em floretes
½ colher de chá de alho em pó
Sal a gosto
1 colher de sopa de manteiga
1 colher de sopa de natas pesadas

Endereços

Prepare um banho-maria e coloque o Sous Vide nele. Ajuste para 183 F. Combine brócolis, sal, alho em pó e creme de leite. Coloque em um saco selável a vácuo. Libere o ar pelo método de deslocamento de água, sele e mergulhe a bolsa em banho-maria. Cozinhe por 2 horas.

Assim que o cronômetro parar, retire o saco e transfira para um liquidificador para pulsar. Tempere e sirva.

www.ingramcontent.com/pod-product-compliance
Lightning Source LLC
Chambersburg PA
CBHW071433080526
44587CB00014B/1827